人はみな仏になる種を持っている

尼子哲也

法藏館

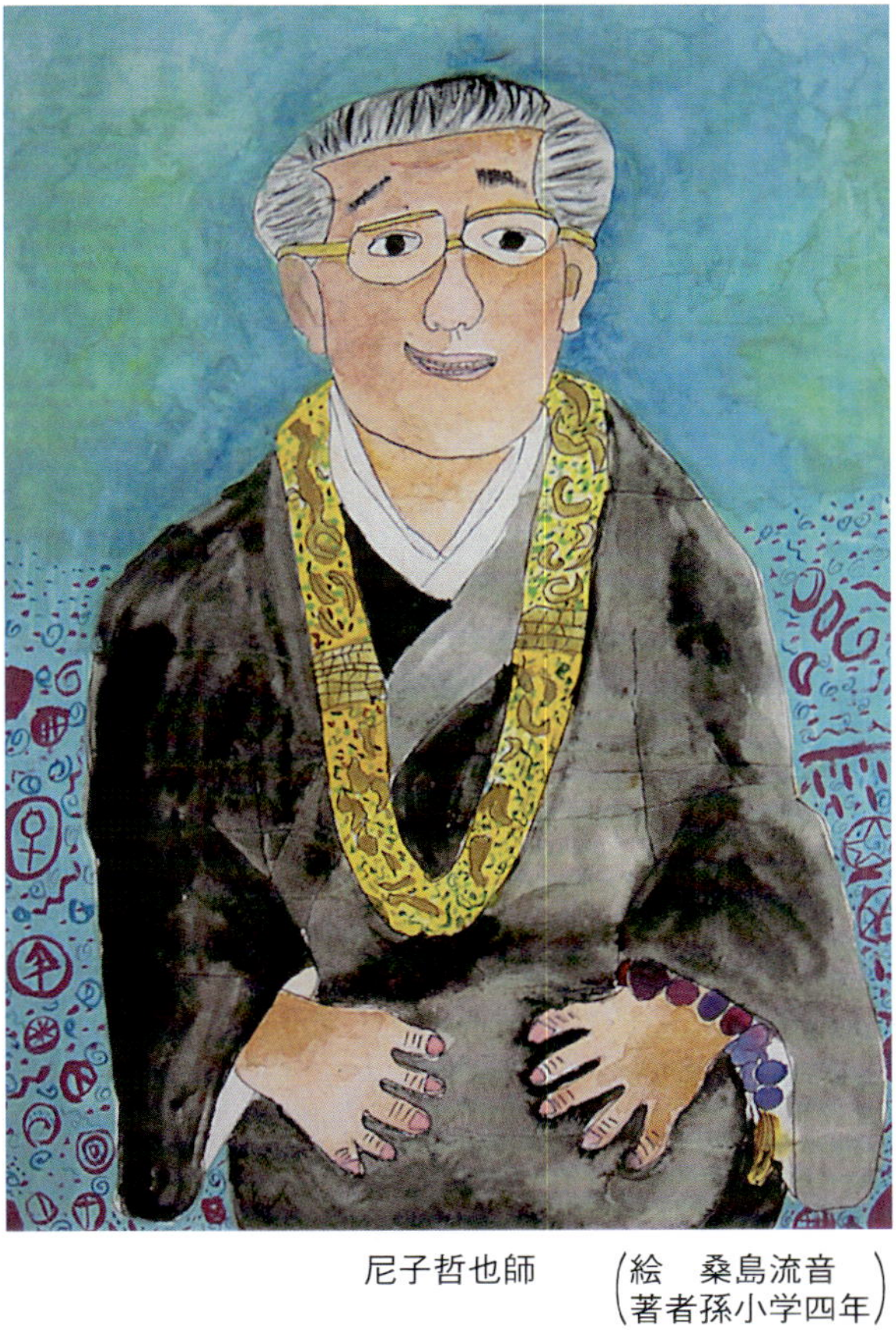

尼子哲也師　（絵　桑島流音
著者孫小学四年）

序文

大谷大学名誉教授
九州大谷短期大学名誉学長　古田和弘

このたび、故尼子哲也師の法話集が上梓されることになりました。以前に刊行されました法話集、『なごりおしく思えども娑婆の縁つきて』に続く、第二の法話集であります。

前の法話集もそうでありましたが、今回のものも、師の、生き生きとした、そして、そこはかとなく温かい息づかいが感じ取れるご法話の記録が集められています。

全篇を通して感じ取られますことは、いつでも、どこにでもありそうな、人びとの日常のひだに寄り添いながら、その日常の根底を支えている「仏さまのおはからい」

を、さりげなく伝えようとしておられる師のお心遣いです。これは、おそらく、ややもすれば、抽象的な建前に終始しがちな仏法との接し方を避けて、師ご自身の生々しい日常の中で、奥深い教えの中枢に向き合ってこられたからであろうと拝察します。特に『歎異抄』第九章に関するご法話では、親鸞聖人のご門下で、おどおどと生きる日常の中で、聖人のお心に真向かいになって『歎異抄』を書きとめざるを得なかった唯円師のお気持ちと、通底する何かを私は感じ取らせていただいています。

尼子哲也師が、大谷大学の大学院で学んでおられたころ、私は学部の学生でありました。当時、学内でお見受けしましたのは、颯爽とした気鋭の学究のお姿でありまして、後輩の私には、とてもまぶしく思われたことを記憶しています。その尼子先輩が、地元のおじいちゃん、おばあちゃんと同じ目線で仏法を語っておられる法話集に接して驚嘆させられます。やはり、建前の学究ではなく、本気の学究であられたことが、あらためて偲ばれるのであります。

この法話集を通して、この機会に、できるだけ多くの方々が、師の冷静でしかも熱い息づかいにふれてくだされば、そして仏縁を深めてくだされば、それは、僭越なことですが、私にとりましてもうれしいことであります。

人はみな仏になる種を持っている　目次

人はみな仏になる種を持っている

一、仏法は若い時に

「わかきとき、仏法はたしなめ」

（『蓮如上人御一代記聞書』「真宗聖典」東本願寺出版部刊、以下聖典と略称、八六七頁）

と、蓮如《れんにょ》上人はいわれます。

若い時は、よほどのことがないと、なかなかそこまでいきませんね。最愛の我が子が、大切な親が、あるいは長年連れ添った連れ合いが亡くなってはじめて、仏法に目覚める場合が多いようです。

人生では、友人、仕事仲間、結婚相手、さらには子どもが生まれるなど、いろいろな出遇いがあります。ところが、自分自身と出遇うのが難しい。「あの人はいい人だ」

とか、「あの人はけしからん」とかいうのは、自分と出遇っていないから、我執《がしゅう》によって自分につごうのいいことをいっているにすぎません。我が身に出遇い、自分の煩悩《ぼんのう》がはっきり見えることが、自分と出遇うということです。

ひとたび如来の不可思議な力に気づくと、心に転換が起きます。人間はみんな、貪欲《とんよく》（欲深い）・瞋恚《しんに》（怒り）・愚痴《ぐち》（暗闇《くらやみ》・無明《むみょう》）の三毒《さんどく》の煩悩を持っています。人間は知識が邪魔をして、三毒に振りまわされてしまう。私が若いころ、怒りの赤鬼、欲の青鬼、暗闇《くらやみ》の黒鬼を、人間はみんな持っていると聞きました。

ずいぶん前のことですが、ある門徒《もんと》さんの一人息子が二十歳で亡くなりました。両親の嘆きは大変なものです。私が、七日七日《なのかなのか》のお参りに行くのを待っているのですが、ただただ悲しいばかりで、どうしていいかわからないようでした。せめて住職にお経をあげてもらうと、その時だけは心が安らぐ。だから早く来てほしい。お経があがると「ああよかった、気持ちがすっーとする」と、これを繰り返していました。しかし、これではまだ他力ではなく、先が見えない状態です。

それでも、七日七日のお参りを続けていると、少しずつ仏との縁がふくらんできて、自力《じりき》でありながら、だんだん仏縁が明確になってきました。

その時、大変なことが起こりました。その家のおばあちゃん（長男の母親で、奥さんにとっては姑《しゅうとめ》さん）から怒られたのです。

「何か、お前たちは、今ごろになって目が覚めたか！　自分の父親が亡くなった時、この仏壇に真剣に手を合わせて参ったか？　信心は平成業成《へいぜいごうじょう》（日常の信心）というのになさけない。もう、この仏壇に参ることはならぬ」

と、不拝命令が出たと奥さんがいいます。

「ご院家さん、どうしたらいいでしょうか。もう一つ仏壇を買えといわれても……」

私も驚きました、おばあちゃんは、怒りの赤鬼になっている。息子夫婦は、どうしていいかわからない無明《むみょう》の黒鬼になっている。鬼と鬼が向き合っているから、双方がいらだつばかりです。しばらく話を聞いた後に、私はいいました。

「そうじゃなあ、おばあちゃんの腹立ちは、まんざら訳のわからんことをいいよるとも思えんなあー。わかった、私がおばあちゃんと話してみよう。だけど、約束しておくれ。お父さんの命日にもお参りする。もう一つ、毎日仏壇に手を合わせることを。息子さんも、呼びかけながら見守っているよ。

『もう、ぼくの身体は生き返ることができない。お父さんお母さん、自分の姿に気づいてほしい。目が覚めるということは、本当に生きること、これから念仏してしっかり生きていってね』と」

こういうことで、私はおばあちゃんに直接会って話しました。

「おばあちゃん、若夫婦が反省しているよ、お母さんに叱られて、はじめて目が覚めた、おばあちゃんがいってくれなければ気づかなかった。これから、お父さんの命日はもちろん、毎日仏壇にお参りするといっているから、許してやっておくれ」

すると、おばあちゃんはびっくりして、

「若いもんがそんなことをいったんですか、私だって一軒の家に二つも仏壇を買えば、笑われることぐらいわかっています。父親が亡くなった時、もう少し手を合わせてくれていればと、腹が立ってついいってしまいました。私も悪かった。私は鬼でした」おばあちゃんは、角の生《は》えている自分の実相《じっそう》に気づいたのですね。もともと、お寺によく参る方でしたから。

その後、若夫婦は温かくお母さんを看取り、おばあちゃんは喜んで亡くなっていきました。お内仏は、不思議なご縁で結ばれた、家族の拝み合いの場でもあります。そして、思いもよらぬ自分に出遇わせ、持っている仏種《ぶっしゅ》を引き出し育ててくれます。

蓮如上人は、

称名はいさみの念仏なり。信のうえはうれしくいさみてもうす念仏なり。

(『蓮如上人御一代記聞書』聖典八六五頁)

と「いさみの念仏」といわれています。

ある先生は「念仏は根本意欲である」と述べておられます。意欲がないと、人に伝わらない。他人と一緒に称えることで〝同朋《どうぼう》意識〟が芽ばえます。

ある若奥さんが、長い間姑さんを看病していまして、

「うちのばあちゃんは、何度おむつをかえてあげても、ご飯を食べさせてあげても『ありがとう』とか『すまんなあ』といわんのですよ」

と不満顔で話します。

「何年も一緒に暮してきたお嫁さんだから、わかっていると思っていわんのよ」

と、私はいったのですが、その時お嫁さんは、自分の頭に角が生えているのに気づかない。

何か月かたって、おばあちゃんは亡くなりました。するとお嫁さんが、

「ばあちゃんは、いよいよ死ぬまぎわになって、やっと『おおきに』といったんですよ」

と、何だか「自分が勝った」というような態度だったので、私は残念に思いました。

「おばあちゃんは、あなたが先に『ありがとう』というのを待っていたと思うよ。年をとって病んで心細い。そんな中から、いよいよ最後に力を振り絞って『ありがと

う』これが大事だと教えてくれたんですよ」

私がこういうと、お嫁さんの目から、涙がポロポロとこぼれました。

「ああ、そうだったのか。気づくのがおそかった」

こういうことは、現実生活でいくらでもあります。「すみません」「ありがとう」を、どちらかが先にいえば、相手も応《こた》えるのです。どちらかが先にいえばいいだけなのに、それがなかなかできませんね。

でも、遅かったと気づいて「すみません」と念仏が出るならば、おばあちゃんが善《ぜん》知識《じしき》（仏の教えに導く師）になったということです。

この娑婆《しゃば》は、堪忍道《かんにんどう》といいますから、苦労や悲しみが多いのですが、私たちは菩薩《ぼさつ》道《どう》（覚《さと》りにいたる道）を歩いています。仏仕《つか》えの人生です。絶望、自己崩壊《ほうかい》の中から、弥陀招喚《みだしょうかん》の声を聞く。

お釈迦《しゃか》さまが、

「そうか、泣いたか、そこから立ち上がれ、泣くなよしよし、もうなげかなくてもいいよ」

といわれる。続けて、お釈迦さまが「ゆけ‼」といわれると、阿弥陀さまの「来いよ、来いよ」と呼ばれる声が聞こえる。煩悩具足《ぼんのうぐそく》の凡夫《ぼんぶ》の行くべき道が照らされる。煩悩のどん底に落ちて、おぼれもがいている者を、筏《いかだ》の上に引き上げるように、阿弥陀さまにすくい上げられる。

親鸞《しんらん》聖人は、ご和讃で、

無明《むみょう》長夜《じょうや》の燈炬《とうこ》なり　智眼《ちげん》くらしとかなしむな
生死《しょうじ》大海《だいかい》の船筏《せんばつ》なり　罪障《ざいしょう》おもしとなげかざれ
（『正像末和讃《しょうぞうまつわさん》』聖典五〇三頁）

と教えておられます。

最近、こんなことがありました。二十三歳の青年が、交通事故で亡くなったのです。高校時代の同級生や、職場の同僚でしょうか、茶髪や面白い髪形の人、それぞれ個性的な目立つ服装の青年たちが、通夜《つや》の仏間に座れないくらいたくさん参っていました。彼らは、正座してお経を聞く、法話も真剣に聞いている。私が帰る時には、だれからともなく大声で、「ありがとうございました」といってくれました。彼らは、葬式も同様に参ってきました。

そして、四十九日にお参りにいくと、またまた彼らが仏間に座っている。私が、見送ってくれる彼らに、

「お葬式の時、弔辞《ちょうじ》で、亡くなった彼に対し、僕たちは決して事故を起こさないと誓っていたが、それを守っておくれね」

というと、

「ハイッ、ありがとうございました」

と、いっせいに大声が返ってきました。

招かれたわけでもないのに、友人の四十九日に仏壇に手を合わせずにはいられない、彼らの心の美しさに感動しました。若者たちは、持てる仏種を花開かせながら、生き

ていくと信じています。

最後に、私の好きな詩を紹介します。詩人坂村真民《さかむらしんみん》の「終わりを美しく」です。

落下埋没してゆくからこそ
木々はあのように
おのれを染めつくすのだ
ああ
過去はともあれ
終わりを美しく

落下埋没《まいぼつ》する、つまり腐葉土《ふようど》になる、私たちもなります。春夏秋冬、雨・風・水・光のエネルギーをもらって、秋の紅葉が輝くばかりです。それが地面をあざやかに染めつくし、おのれの木の下に埋没してゆく。最後だから、おのれを美しく染めつくす。いい詩ですね。私もそうありたいと思います。

『阿弥陀経』に、

赤き色には赤き光、白き色には白き光あり。微妙香潔《みみょうこうけつ》なり。（聖典一二六頁）

とあります。赤い色には赤い光がある、白い色には白い光があるといっても、それは自分が自ら光りを放つのではなく、如来の光を受けて光るのです。

「声明は、一さいの暗闇《くらやみ》をてらすなり」

ですから、念仏もうすと私に光をともしてくれる。つまり、染めつくす。そして、『阿弥陀経』に「微妙香潔なり」といわれますから、煩悩を持ちながら、深くて清らかな香につつまれる世界、つまりそこが極楽《ごくらく》国土だと説かれています。

妙好人《みょうこうにん》として知られる浅原才市《あさはらさいち》さんに、次のような言葉があります。

私の暗闇に灯がついた、南無阿弥陀仏の灯がついた。
私の煩悩に灯がついてくれた、南無阿弥陀仏の灯がつき自分を染めつくしてくれたという、才市さんの喜びの詩です。

自分の人生は失敗だらけと思っていたが、「人生無駄なし」。長い長い如来《にょらい》の本願のお育てであった。やっとたどりついた、自力を捨てておまかせの世界（他力）に喜ぶことができる。これを親鸞聖人は、「自然法爾《じねんほうに》」といわれます。

二、ご先祖は、みな善知識

今日はお彼岸《ひがん》でもありますし、私は、かねてから「ご先祖は、みな善知識《ぜんじしき》」と思っていますので、このテーマにしました。善知識さまと呼びたいですね。善知識というのは、「仏の教えに導く師」で「よき人」ともいいます。『歎異抄《たんにしょう》』の中に、

よきひとのおおせをかぶりて、信ずるほかに別の子細なきなり。

（聖典六二七頁）

とあります。親鸞聖人にとって、法然《ほうねん》上人は「善知識」「よき人」でした。

ところが、人だけが善知識かというと、取りようによっては、各人各様です。ある人や、ある出来事に遭遇《そうぐう》することによって、心に強く響くものを受ける。どんな響き

かというと、仏の教えです。仏の教えを聞いていく身へと導かれていく、それを善知識に遇うといいます。

ずいぶん昔に亡くなった、大石順教尼《じゅんきょうに》という尼さんがおられました。幼いころから、興行師の養女になって、踊りや三味線を習い、芸妓になる修行をしていました。十七歳の時、養父がある事情で悩んだあげく、逆上して事件を起こします。当時、六人切りと騒がれた惨事です。養父により、弟子が刀で次々に切られ、六人の中でただ一人、大石順教尼だけが生き残りました。生き残ったものの、両手が肩のつけ根から切断されたのです。元来タフな方だったのでしょう。

「お腹がすいたから、ご飯を食べさせてください」

といって、ご飯を三杯食べてから、取調官の質問に答えたそうです。

興行の旅についていくものの、両手がないので以前のように踊れない。さてこれからどうやって生きていこうかと悩み続けます。

ある日、小鳥の鳴き声を耳にします。宿の縁側に鳥かごがかけられていて、カナリヤのつがいが抱卵していたのですね。眺めていると、タイミングよく一羽の雛が顔を出します。親鳥が、くちばしで餌を与え、一生懸命世話をしている。

カナリヤのつがいは、狭いかごの中でくちばしを触れ合い、美しい声で歌ったりしている。うれしさに満ちて、何の不平もなく、くちばしだけで一日の営みをしている。そうか、私にも口がある。この口で勉強すれば、できないことはない。それから一念発起、口に筆をかみ文字を覚え、勉強を続けました。

くちに筆とりて書けよと教えたる鳥こそわれの師にてありけれ　順教尼

順教尼は、結婚して子どもも二人育てあげます。後に正式に得度《とくど》し、仏道を歩みながら、障害を持つ人々のために尽くされました。順教尼の善知識は、カナリヤでした。

中村久子さんは、病気のために両手足を切断した方です。久子さんが幼い時、母親は無理心中まで考えましたが、背に負うた久子さんの「こわいよう、早く帰ろうよ」

の声に、ハッとして思いとどまったのです。それからというもの、母親は久子さんを鍛えあげます。女性として一人立ちできるように、裁縫・炊事・洗濯等を、自分でできるように工夫させて厳しくしつけます。

第一に、針の穴に糸を通すのが大変でした。短い手足と、口を使って、何十回と繰り返すうちにできるようになる。そして、人形まで作れるようになりましたが、貰ってくれる人がいないのです。唾液のにおいがするから、いらないといわれます。マッチをするのが大変だった。やっと火がつくと、口にやけどをする。

このような状況の中で、久子さんは、「なぜ、私をこんなにいじめるのだろう」と母を憎むのです。久子さんは、七歳で父親を亡くし、大変貧しい暮しですから、自立して生きていかねばなりません。決意をかためて、見世物小屋に入り全国各地を興行して回ることになります。

二十四歳の時、母が亡くなりましたが、その時になって、母の厳しさは「私に対する愛であった」と気づくのです。久子さんは、母から仕込まれた技《わざ》を見せることで、興行を続け、一本立ちできた。髪を結うことと帯を結ぶこと以外は、大方できたと、久子さんは述べています。結婚して、娘二人に恵まれます。娘たちがすくすく成長する姿を見るにつけ、母への感謝の気持ちが深まりました。

その後、『歎異抄』に出遇い、親鸞聖人の教えに深く帰依《きえ》していきます。両手両足がないという条件の悪いものを、しっかり受けとめ逃げない。「なぜ、私だけが」という、我執・我愛から母を憎んだ反逆者の自分に、如来の大悲があまねく輝いていた。このように、仏の願いに応えるべくはたらきかけるものが善知識なのですね。久子さんは、「この手足のない私の体こそが善知識でした」と述べています。

後年、刑務所へお話をしに行った時、このように語ったそうです。

「みなさん、すみません。もし、私に両手両足があったら、空腹に耐えられず食物を盗んだり、他人を傷つけたりしたでしょう。両手両足がなかったので、ここに入所しなかっただけです。私もみなさんと同じです」

人間は、みんな仏種《ぶっしゅ》という種を持っています。仏の教えに遇って、その種を芽ばえさせることができるかどうか。仏種を、ハンケチに包んでポケットに入れてしまうのか、感動を受けて種をまくか、ここに違いがあります。

見真大師（親鸞聖人）田植歌

五劫《ごこう》思惟《しゆい》の苗代に
兆載《ちょうさい》 永劫《ようごう》のしろをして
一念《いちねん》帰命《きみょう》の種おろし
念々《ねんねん》称名《しょうみょう》 名の水流し
雑行《ぞうぎょう》雑修《ざっしゅ》の草を取り
往生の秋になりぬれば
この実（身）とるこそうれしけれ

一念帰命の南無という種をまいても、念々称名という水を流さないと枯れてしまいます。仏種を芽ばえさせ「本願を信じ、念仏もうす」ことで、往生間違いなしと、親鸞聖人はいわれます。

東本願寺の門主で、句佛《くぶつ》という俳人がおられました。

勿体《もったい》なや祖師《そし》は紙衣《かみこ》の九十年　　句佛

親鸞聖人の歩まれた九十年は、ご苦労の多い厳しい日々だったが、意志の強い信心の方だった。その生涯を、紙衣（紙の衣）という言葉にこめて表現していますね。親鸞聖人の血をひく句佛さんは、法主（門主）の位の象徴である紫の衣を着ておられたのです。

道端のすみれに紫衣《しい》を恥にけり　　句佛

どんなにいい衣を着ていても、道端のすみれにはかなわない。すみれには位がない、無位だがそのままを受け入れ、美しく咲いている。「自受用《じじゅゆう》」「自受法楽《じじゅほうらく》」です。この言葉は覚えていて、苦しい時に思い出してくださいね。ぐるぐる回るコマ《こま》は、独楽と書きますが、いくら回っても倒れても独楽に変わりはありません。「人身《にんじん》受け難《がた》し、いますでに受く」です。

山頭火《さんとうか》という、禅の道を歩いた俳人がいました。

　山あれば山をみる
　風吹けば風の音を聞く

ある人は、こんな詩を書いています。

　風も寒いか、風が私のふところに入ってくる

ですから、自分という主体性が変わるのです。私たちは、よく「主体性を持て」といいますが、仏法ではそんなことはいわない。主体性は、すべて仏法なのです。「風も寒いか」と、風も、ですから、風と私が一体化しています。

句佛さんは、十八歳になった娘政子さんを、病気で亡くしました。

何處《どこ》までも往きたき柩《ひつぎ》霞むまで　句佛
(政子が葬送に、大谷庭後の生垣にすがりて)

この句ができた時に、「娘政子が私の善知識なりけり」と書き添えられています。我が子に先立たれた逆境が、自分の本物の仏法への目覚めであったのですね。

和泉式部にも、我が子を亡くした時の歌があります。

夢の世にあだにはかなき身を知れと教えて還《かえ》る子は知識なり　和泉式部

ある方が、娘さんを二十歳代で亡くしました。
「私を捨てていった。この親不幸者が」
母親は、泣き叫び続けずにはいられない。どのくらい月日がたったころでしょうか、私は彼女と次のような会話を交わしました。

「あなたの娘さんは、仏さまからの預かりものだったんですよ。お浄土の阿弥陀さまに引き取られて、間違いなく仏さまになっていますよ」

「すまんじゃった。あの子が仏さまの子とは知らんじゃった。仏さまの子なら、それなりの育て方があっただろうに。母ちゃんを許して」

我が子を亡くした嘆きが、〝帰命の一念〟に変わります。如来が、私を呼び給う声だと聞こえてくるのですね。まさに、我が子が善知識です。

本願は、一切衆生を救わんとする願にてまします。火宅無常《かたくむじょう》の中でこそ、如来の呼び声が多く聞こえてきます。阿弥陀さまの誓いを信じ、御名を称え応えていくことで、本願が成立するのですね。本願成就《ほんがんじょうじゅ》すると同時に煩悩成就《ぼんのうじょうじゅ》です。

下関に近い六連島《むつれじま》のおかる同行《どうぎょう》と呼ばれる妙好人《みょうこうにん》は、いつもこういっていたそうです。

重荷背負うて山坂すれど、御恩思えば苦にならず。

皆さん方のご先祖は、大いなる悲しみや、重荷を「善哉《ぜんざい》善哉、よいかなよいかな」と引き受けて生きてくださいました。広い心で、仏法を通して大悲に生きた方々ですよ。

そう思うと、仏さまの前に「ご先祖さん、参りました」と、身を投げ出す。これが仏さまに参ったということです。まず、自分の生き方をはっきり見つめ直す日暮しが大切です。

私は、長い間住職をしていますので「お寺に参りませんか」と勧めますと、「いや、私は何も悪いことをしていません」といって参らない人がいます。頭が上を向くのです。さきほどいいましたように「自分は、つまらぬやつだった」と、教えにうなずいて、身を投げ出す「帰命頂礼《きみょうちょうらい》」です。これが「参った」ということです。

こうして、手を合わせるほどに、ご先祖の苦労がしのばれ、私の身に「南無阿弥陀仏」が生きてくださっているのを感じます。まさしく、ご先祖は善知識も善知識ですよ。

ともすれば、親の命日《めいにち》も忘れる。忘れるほどに如来の呼び声が多く聞こえる。煩悩《ぼんのう》具足《ぐそく》の凡夫であればこそ、如来の大悲の深さが身にしみて、頭が下がってきます。親鸞聖人は、

如来《にょらい》大悲の恩徳《おんどく》は　身を粉《こ》にしても報ずべし
師主《ししゅ》知識の恩徳も　ほねをくだきても謝すべし（『正像末和讃』聖典五〇五頁）

というお言葉で、善知識に感謝しておられます。

南無阿弥陀仏が、私たちの空しさを大いなるこやしに変えて、力強く生きていく道だと、ご先祖は教えてくださっています。

三、悪人こそ救われる

善人《ぜんにん》なおもて往生をとぐ、いわんや悪人をや。しかるを、世のひとつねにいわく、悪人なお往生す、いかにいわんや善人をや。この条、一旦《いったん》そのいわれあるににたれども、本願他力の意趣《いしゅ》にそむけり。そのゆえは、自力作善《じりきさぜん》のひとは、ひとえに他力をたのむこころかけたるあいだ、弥陀の本願にあらず。しかれども、自力のこころをひるがえして、他力をたのみたてまつれば、真実報土《しんじつほうど》の往生をとぐるなり。

（『歎異抄』聖典六二七頁）

『歎異抄』というと、「悪人成仏《あくにんじょうぶつ》」または「悪人正機説《しょうきせつ》」が、スローガンのようにいわれます。なぜ悪人のほうが救われるのかと、よく非難されることがあります。

私は、父親を早く亡くしましたから、母親から常に「うそをつくな」とか、「人をだましてはいけない」といわれて育ちました。人間の基本的な倫理・道徳感からは、通常「あの人は、立派な人だから極楽往き《ごくらくい》だ」といわれます。

ところが一方では、「人を見れば、どろぼうと思え」ともいわれます。このように、人間は状況によって、表と裏、善と悪、善人悪人を、言葉で使い分けます。

『歎異抄』でいわれる善人は、自己の力をたのみ往生しようとするから「自力作善《じりきさぜん》の人」と、親鸞聖人はいわれます。自己の力で往生できる人はまれですから、特殊な人の救いです。

普通の衆生《しゅじょう》の多くは、自己の力をたのんでも、修行どころか悪事をはたらかなければ生きていけない。「この罰あたりが！」と、悪人よばわりされる人はどうすればいいのか。「悪人」の捉《とら》え方が大事になります。親鸞聖人は、「悪人の正体は何か」を考えられた。悪人の正体が問題になると、人間の根源的正体とは何かということになりますから、善人も問われてきます。

なぜ、人間に倫理・道徳が必要なのかというと、人間の根源には道徳もなければ、倫理観もないからです。それが人間の正体だと、親鸞聖人は考えられたのです。「私は善人」と思うその人に、「あなたの正体は?」とたずねると「私は善人です」と、胸を張って答えられるかどうか。善人は、自分の力をたのみ、己《おのれ》をよしとして「自分はあの人とは違うぞ」と、自分の力で生きていけるから、「仏の他力本願《たりきほんがん》」はいらないと思っている。頭が上を向きがちです。

一方、悪人はどうでしょう。生きるためには人を殺しかねない、血のにじむ思いでいる人々に、親鸞聖人は、

いし・かわら・つぶてのごとくなるわれらなり。

(『唯信鈔文意《ゆいしんしょうもんい》』聖典五五三頁)

とまなざしを向けられました。あの芥川龍之介の小説「羅生門《らしょうもん》」とか「偸盗《ちゅうとう》」などに出てくる人間の姿。死人の髪の毛を抜いて、かつらにして金に換えようとする場面がありましたね。まさに、人間の正体は鬼です。

悪人を歴史的に考えるならば、いつもいつも弾圧を受け踏みにじられて、心理的に

も行為的にも悪を思う日暮しをする人たちです。親鸞聖人は、「底下《ていげ》の凡愚《ぼんぐ》」（『正像《しょうぞう》末《まつ》和讃』聖典五〇一頁）といわれました。「底下の凡愚」を救いたいと、阿弥陀さまの第十八願が建《た》てられました。

現代の私たちの実生活の例で、考えてみたいと思います。ご門徒の方から、こういうことをよく耳にします。

「同じ我が子の中で、兄は放っておいてもいいが、下の子は放っておくと大変だと必死で育てる。そうすると、子の方も親にすがってきて、悪い子のほうがかわいい」

私が見るところ、その悪いといわれた子は、「親に迷惑かけた」と懺悔《さんげ》して、亡き母によく手を合わせていますね。「母のお陰で」と、感謝の言葉も出ます。

私は教員の新採用で、山村の高等学校に赴任しましたが、純朴な子が多く素直でした。両親も「学校へ行ったら、先生の教えをよく聞けよ」というので、教師のいうことをよく聞きます。ところが反面、悪友から「煙草のもうや」と誘われると「のもうかのう」といって吸う。「おい、酒を飲もうや」「飲もうか」と、すぐまねをする。私も若造《わかぞう》でしたから、その中の一人に手をやきました。「君は、なぜ私のいうことを聞けんのか」と何度もいいました。実は、これは余計なことなのですね。生徒たちは、教師のために学校へ来るのではない。高校卒業資格を得るために来ているのです。親は「先生のいうことを聞け」といいますが、どちらかというと生徒は友だちのいうことを聞きます。喫煙と飲酒をすると、謹慎させられます。謹慎は三回までは許されますが、四回目になると退学です。

「今度やったら、退学だがいいのか?」

「いや、困ります。もう二度としません」

安心していると、また起こします。私としては、どうしても無事卒業してほしいので、職員会議にははかれません。もう、私も子どもも、どうしていいかわからない、対話もできない状態で、進退きわまれりです。その時、私に念仏が出ました。南無阿弥陀仏が、

「自分の力で子どもを育てようとするのは間違いではないか。おまえは自力作善ではないか」

と教えてくれた。

私は彼にいったのです、

「よし、わかった。もうしようがない。君にまかせる」

長い沈黙の後に、彼が小さな声でいう。

「先生、明日学校へ来てもいいですか？」

「君の問題だ。私の問題ではないぞ。君にまかせるといったじゃないか」

「それでは、明日学校へ来てもいいんですね」

と、彼は念を押して「よかった！」というような、何ともいえぬかわいい顔をしています。後で思うと、念仏の救いとはこういうものなのでしょうか。

翌日、彼は学校で頭が上がらない。どうかなあと、私がうかがって見ているけど、頭が下がっている。そして九月ごろ、いよいよ就職を考える時期になりますと、彼が驚かせます。

「僕はだめだ。どうにもならん。先生、どうか僕を警察官にならせてください。お願いします」

「そうだなあ、あの時君にまかせるといったからなあ。なぜ警察官になりたいんかい？」

「僕はだめです。先生にうそをついていましたが、あの後また煙草を吸いました。僕のようなのは、警官にならんとどうにもなりません。警官にならせてください」

警官になるぞでなく、「ならせてください」というところがいいですね。

「そうか、わかった。でも警察官になるのは大変なことで、叱るのも大事だが、広くて温かい心でないとなあ」

「先生、わかっています。僕は、悪いことばかりしましたから、悪い人の気持ちはよくわかります」

「おお、そうだなあ。それがわかっているなら、悪かったことも何かよいほうへ転じていくだろうなあ」

「はい」

こうして、彼は警察官になりました。彼のことは、いつも頭にあったのですが、三十五年ぶりに来てくれました。

「先生、なかなか敷居が高くて……。この近くで事件があり、取り調べがすんだので思いきって寄りました」

彼は、制服姿もばっちりで、輝く眼をしていて、うれしい再会でした。

「悪」とは何か？　「悪」を、私たちが決めてはいけないということですね。親鸞聖人は、こういっておられます。

善悪のふたつ総じてもって存知せざるなり。（『歎異抄』聖典六四〇頁）

話を「人間の正体」にもどしましょう。仏教の教えに、五逆罪《ごぎゃくざい》と五戒《ごかい》が説かれています。

五逆罪……①母を殺す　②父を殺す　③聖者を殺す　④仏のからだを傷つけ血を流す　⑤仏教の集団を乱す

五戒……①生き物を殺すな　②盗むな　③乱れた男女関係をもつな　④うそをつくな　⑤酒を飲むな

しかし、時代によっては、盗まずには生きられない、母を殺すなといわれても〝姥《うば》捨《す》て山〟という現実もありました。

煩悩具足《ぼんのうぐそく》の凡夫《ぼんぶ》である衆生《しゅじょう》は、悩みも多く苦しみ悲しみを背負って生きています。自分の正体は鬼だと自覚できれば、仏の智慧《ちえ》をお借りして生きようと思う。そうでないと生きられないことを、阿弥陀如来は見通しておられます。仏の大悲心が、悪人である人間をどこまでも摂取《せっしゅ》して救いたい。それが『無量寿経《むりょうじゅきょう》』に説かれる第十八願です。これが本願のお心です。自力を捨てて、本願のお心を信じて生きるという決意が起こった時、すぐさま救われる。これを「横超《おうちょう》」といいます。自力で生きてきた人間が、自己のはからいを捨てて、仏の大慈悲心にふれると、ただちに空間を横さまに超えて救われる。苦しみ悲しみを超えることができます。これを「横超他力《おうちょうたりき》」といいます。

一方、自力で覚《さと》ろうと修行し続けるのを、「竪《しゅ》」（たて）といいます。

「横超」は、すなわち願成就一実円満《がんじょうじゅいちじつえんまん》の真教《しんきょう》、真宗《しんしゅう》これなり。

（『教行信証』「信巻」聖典二四三頁）

「横超」とは、本願を憶念して自力の心を離るる、これを「横超他力《おうちょうたりき》」と名づくるなり。

（『教行信証』「化身土巻」聖典三四一～三四二頁）

「仏の本願を憶念する」というのは、念仏のことです。

蓮如上人は、親鸞聖人の教えを通して「仏心《ぶっしん》と凡心《ぼんしん》が一体となる」と述べておられます。

一念も本願をうたがうこころなければ、かたじけなくもその心を如来のよくしろしめして、すでに行者《ぎょうじゃ》のわろきこころを、如来のよき御《おん》こころとおなじものになしたまうなり。このいわれをもって仏心と凡心と一体になるといえるはこのこころなり。

（『御文』第二帖第十通、聖典七八八頁）

蓮如上人の『御文《おふみ》』に、「仏の袖にひしとすがる」というお言葉がありますが、煩悩具足の凡夫がひしとすがれるかどうか。自力作善の人よりも、己の悪を自覚している悪人のほうが、仏にひしとすがろうとします。

なにのようもなく、ひとすじに、この阿弥陀ほとけの御袖《おんそで》にひしとすがりまいらするおもいをなして、後生《ごしょう》をたすけたまえとたのみもうせば、この阿弥陀如来は、ふかくよろこびましまして、その御身《おんみ》より八万四千《しせん》のおおきなる光明《こうみょう》をはなちて、その光明のなかにそのひとをおさめいれておきたまうべし。

（『御文』第二帖第十三通、聖典七九一～七九二頁）

親鸞聖人にも、次のようなお言葉があります。

往生には、かしこきおもいを具せずして、ただほれぼれと弥陀の御恩の深重《じんじゅう》なること、つねはおもいいだしまいらすべし。しかれば念仏ももうされそうろう。これ自然《じねん》なり。わがはからわざるを、自然ともうすなり。

(『歎異抄』聖典六三七〜六三八頁)

善人・悪人といっても、人間の正体は煩悩具足の凡夫です。阿弥陀仏の本願は、人間を平等に救いたいと願っていますが「自力作善の人」は、なかなか己の悪に向き合おうとしません。しかし「自力の心をひるがえして、他力をたのみたてまつれば、真実報土の往生をとぐるなり」と、親鸞聖人はいわれます。

それに対し、悪人は自分の悪を自覚して生きていますから、本願他力を信じる力が強いのです。故に、阿弥陀仏の本願がただちに入ってきて、如来と悪人が一体となり悪人が救われるということですね。ですから親鸞聖人は、悪人こそが、阿弥陀仏が本願を起こされた正因、仏になるべき種だといわれます。これが、「悪人正機」です。

本願を信じ念仏もうす身になれると、如来と同じ心「同体大悲」に近づいていきます。仏の光明に抱かれて、火宅無常の現実生活の中に、凡夫が安住できる。

「一切衆生を、もらさずたすけずにはおれぬ」という、大悲弘誓《ぐぜい》に、「ありがとうございます」と手を合わせる日暮しができます。

四、真の親孝行

親鸞《しんらん》は父母《ぶも》の孝養《きょうよう》のためとて、一返《いっぺん》にても念仏もうしたること、いまだそうらわず。そのゆえは、一切《いっさい》の有情《うじょう》は、みなもって世々生々《せせしょうじょう》の父母兄弟なり。いずれもいずれも、この順次生《じゅんししょう》に仏《ぶつ》になりて、たすけそうろうべきなり。わがちからにてはげむ善にてもそうらわばこそ、念仏を回向《えこう》して、父母《ぶも》をもたすけそうらわめ。ただ自力《じりき》をすてて、いそぎ浄土のさとりをひらきなば、六道四生《ろくどうししょう》のあいだ、いずれの業苦《ごうく》にしずめりとも、神通方便《じんずうほうべん》をもって、まず有縁《うえん》を度《ど》すべきなりと云々

（『歎異抄』聖典六二八頁）

親鸞聖人は、自力では父母の追善供養《ついぜんくよう》はできませんといわれます。「そんなことはありません。私は兄弟を集めて、親の法事や先祖まつりをしていますよ」と思われる

かもしれません。

朝のおつとめで、「正信偈《しょうしんげ》」や「和讃《わさん》」をあげ、「御文《おふみ》」を読んでいるのを、自分が回向《えこう》していると思いがちです。亡き人に対して念仏しているから、きっといいことが返ってくるだろうと思う。「そうではありません」と、親鸞聖人はきっぱりいわれます。

亡き父母の願いは、自分のために孝行してくれというような小さなものではなく、もっと大きな願いです。念仏もうして仏法に出遇い、仏の願いを感じて生きてほしいのです。

そして、自分が仏法を喜ぶ身になった時に、やっと自分を生んでくれた親の恩を感じるようになります。

年配のご門徒《もんと》が、「私もこの年になって、だんだん親に似てきたのか、念仏もうす身になってきた」と、仏縁を喜ばれます。

私の母が、生前よく話していました。

「お父ちゃんが亡くなって、はじめて念仏がありがたくなった。それまでは、念仏というものは、いくら努力してもすぐ応《こた》えてくれない遠いものだった。夫を亡くし、絶望の中で子どもを育てながら、ああでもないこうでもないと、苦しみながら念仏がありがたくなってきた。心を空《むな》しくして素直に念仏もうせるようになった。これもご先祖のおかげよ」

母の声は大きいので、私は「高唱《こうしょう》念仏だ。やかましいなあ」と思っていました。母が亡くなると、自分のおごりに気づき、母の念仏に仏恩を感じています。

親鸞聖人は、幼くして父母と別れ、九歳で得度《とくど》して比叡山《ひえいざん》へ上られました。その時は、親孝行する間もなかった親鸞聖人にしてみれば、僧になって親の供養をしたいという気持ちがあったかもしれません。

親鸞聖人は、二十年間懸命の修行に明け暮れましたが、悩みも多く自分自身が救われない。二十九歳で山を下り、法然《ほうねん》上人の教えに出遇います。

弥陀の本願信ずべし　本願信ずるひとはみな

摂取不捨《せっしゅふしゃ》の利益《りやく》にて　無上覚《むじょうかく》をばさとるなり（『正像末和讃』聖典五〇〇頁）

「本願念仏」によって、自分だけでなく、すべての人が浄土往生できると信じることができたのです。親鸞聖人は、九十歳で亡くなるまで、このこと一つ「本願念仏の道」を、ひたすら歩み続けられました。

『歎異抄』第四章には、

浄土の慈悲というは、念仏して、いそぎ仏になりて、大慈大悲心をもって、おもうがごとく衆生《しゅじょう》を利益《りやく》するをいうべきなり。（聖典六二八頁）

また、『歎異抄』第五章には、

ただ自力《じりき》をすてて、いそぎ浄土のさとりをひらきなば、六道四生《ろくどうししょう》のあいだ、いずれの業苦《ごうく》にしずめりとも、神通方便《じんずうほうべん》をもって、まず有縁《うえん》を度《ど》すべきなりと云々（聖典六二八頁）

といわれています。

ここに、「いそぎ仏になりて」と「いそぎ浄土のさとりをひらきなば」と、共通の言葉が出てきます。どちらも、早く仏の大慈悲心に出遇って、みな平等に往生してほしいということです。自力無効《じりきむこう》の我が身に気づき、他力信心に生きることをすすめておられます。それが、父母《ぶも》孝養《きょうよう》の確かな道だといわれます。

この道を、煩悩熾盛《ぼんのうしじょう》の人間は、どう歩んだらいいのでしょうか。煩悩は、いくら払い落とそうと修行しても、荒行《あらぎょう》しても、ついて回ります。今日煩悩が出なくても、明日涌《わ》いてくるかもしれません。

貪欲《とんよく》・瞋恚《しんに》・愚痴《ぐち》を三毒の煩悩といいます。

瞋恚《しんに》（腹立ち）の瞋は、目をつり上げること、うらみつらみを表しています。恚《に》は、心を串刺しにする。こうなると、愚痴ばかり出て、自分のつごうのいい生き方になり真実が見えません。

また、煩悩のことを垢障《くしょう》（あか・さわり）ともいいます。垢障に、纏《てん》といって、からみつきしばられている。このような言葉で表現される煩悩は、私たちに具足していて離れないのです。

一方、人間には仏性《ぶっしょう》があります。「人間には、本来仏性はないが、如来の仏種を入れることで、人間に仏性が生まれる」と、捉える人もいます。でも私は、「人間には、生まれながらに仏性がある」と信じています。なぜ、そう思うかといいますと、人間に仏性がなければ、法蔵菩薩《ほうぞうぼさつ》は四十八願《し》を建《た》てられなかったと思います。「仏性あり」と信じたからこそ、法蔵菩薩は本願《ほんがん》を建《た》てられたのです。

人間は、煩悩という病気を持っていて、時々治り、恥ずかしいと反省する。反省できるのは、仏性があるからです。

このように、煩悩と仏性が対立して戦っています。どちらかというと、感情（煩悩）のままつごうのよい生き方になってしまうのが、人間の実相です。

闇がなければ、植物の命は輝かないといわれます。太陽だけでなく、土が、雨がなければ、田植えもできません。厳しい風雨も必要です。泥沼の湿地に咲く、白蓮華《びゃくれんげ》ですね。

『経』（維摩経《ゆいまきょう》）に言わく、「高原の陸地《ろくじ》には、蓮華《れんげ》を生ぜず。卑湿《ひしつ》の淤泥《おでい》に、いまし蓮華を生ず。」

（『教行信証』「証巻」聖典二八八頁）

泥沼があるからこそ、転換がある。煩悩の中でないと、仏の心に出遇えないということです。

ものごとがうまくいって、自分は善いことをしていると思っている時は、頭が下がらず上がるばかりですね。このような私を育てようと、仏の根本的願いが終始一貫してはたらいている。それに気づいて頭が下がった時、自分を見きわめようとする自覚が起こってきます。

阿弥陀仏の光を通して「南無阿弥陀仏」という仏性に気づかされ、光に変わっていくのです。亡き父母が仏となって、終始一貫はたらきかけてくださっているのを感じ、「ああ、親の情がありがたい」と念仏が出ます。それを転換といいます。私の親も、そのまた親も、仏の命をいただいていますから、私たちの身体は全部仏性といってもいいでしょう。

「急ぎ仏となりて」、「急ぎ浄土のさとりをひらきなば」は、仏心におまかせする。如来におまかせするということは、自分に一本立ちしようという自覚ができることです。

人間は苦しみ悲しみの中にいても、煩悩づけの私でも、仏の神通方便（仏の手だて）によって、自在に生きていけるようになる。煩悩を持ちながら救われる、煩悩自在ですね。それを曽我量深《そがりょうじん》先生は「還相回向《げんそうえこう》」といわれました。

往《おう》・還《げん》の回向《えこう》は他力《たりき》に由《よ》る。（往還回向由他力）（「正信偈」聖典二〇六頁）

回向には、往相《おうそう》回向と還相《げんそう》回向の二つがあり、どちらも他力によります。

往相回向は、こちらから阿弥陀とのつながりを持って、浄土往生の道を歩む念仏生活です。

還相回向は、亡くなった人は浄土から濁世《じょくせ》にもどってきて、悩める人々を救わんと菩薩行をしている。大悲心をもって、一切衆生を仏道へ向かわせようとはたらいているというのです。お葬式で「浄土で安らかにお眠りください」という言葉を聞くことがありますが、亡くなった方は、安らかに眠ってはいないのです。一度浄土へ往《い》きますが、すぐ私たちの傍らへ還ってきて、大悲行をしているのです。「あなたの父母、祖父母は、どんな人ですか」と問われると、仏法を通した父母、祖父母の人間性を思い浮かべるでしょう。姿形は見えないが、死後からやってくる仏となった父母の願いを、感じることができます。

自分と他人は、どういう関係があるのでしょうか。人間は、憲法のもとに、平等がうたわれています。仏法でいう「ともがら」は、生きとし生けるものみんな平等で、共存する御同朋御同行《おんどうぼうおんどうぎょう》です。「ともがら」という捉え方は、個人を超えています。

現実がおもしろくないと、「なぜ、私だけが」と、過去を思い出して歎きます。過ぎし業《ごう》というものは、どちらかというと、いやな響きを持っています。悪業煩悩《あくごうぼんのう》の私の存在が、宿業《しゅくごう》（自分にふりかかってくる、どうしようもない力）が、宿縁《しゅくえん》（仏の方から衆生に結ぶ縁）に転じることが大事です。他力信心によって、業が縁に変わっていくのが還相回向です。

親鸞聖人は、「悪業《あくごう》を転じて善業《ぜんごう》となす」を、「真理の一言《いちごん》」といわれました。

『楽邦文類《らくほうぶんるい》』に云《い》わく、（中略）真理の一言は悪業を転じて善業と成す。

（『教行信証』「行巻」聖典一九九頁）

縁あって、父母からこの世に生まれ、煩悩濁世《じょくせ》の中で何とかしようと努力しても、個人では限りがあります。「世々生々の父母兄弟なり」とは、生きとし生ける人々と共存して、共に救われたいといわれるのですね。

いずれもいずれも、この順次生《じゅんししょう》に仏になりて、たすけそうろうべきなり。

（『歎異抄』聖典六二八頁）

「順次生」といわれますが、父母から受けつがれた現在を生きる私たちは、大いなる念仏の歴史に抱かれています。私たちは、念仏の歴史の中を、念仏相続しながら歩むことこそが、末通《すえとお》った父母の孝養なのだといわれています。

まずは、身近な仏弟子である「ともがら」と共存しながら、この世を安らかな心で渡っていきましょうといわれるのです。

五、ともがら

「ともがら」は、同朋《どうぼう》ともいい、同じ道を歩む人のことです。「専修《せんじゅ》念仏のともがら」（『歎異抄』聖典六二八頁）とか、「在家止住《ざいけしじゅう》のともがら」（『御文』聖典八一六頁）と表現されます。

ともがらは、苦楽を共にする集団でもあります。苦楽をいとわず、苦楽を自分の業《ごう》として、共に念仏して生きる仲間です。業はインドではカルマといって、生業《なりわい》、私たちの生活のことです。親から受けた血、社会生活でその道に入れば、それなりの業、突然思いがけないことがやってくる業があります。先日、隣に住んでいたばっかりに殺されてしまった事件がありました。好きだという期待が裏切られると、はがゆい。愛憎違順《あいぞういじゅん》といって、人間は愛の裏がわに憎しみを持っている。これは、人間だれもが持っている煩悩ですから、己の煩悩に向き合うことが大事です。専修念仏のともがらは、煩悩の自覚を持った人たちともいえましょう。

ですから、念仏の人は「だれの弟子」とかは関係ない。念仏は、如来からのたまわりもので、だれが称えようと変わらない。他力回向の念仏です。親鸞聖人は、「弟子一人《いちにん》ももたず」（『歎異抄』聖典六二八頁）といわれます。そして、師とは仏の代理をする人ということで、蓮如《れんにょ》上人は「ただ如来の御代官《おんだいかん》」（『御文』聖典七六〇頁）といわれています。

私の子どものころは、布教する僧を使僧《しそう》「御使僧さま」と呼んでいました。如来の教えを伝える僧で、本当の師匠はお釈迦さまということです。

『歎異抄』第六章の後半に出てくる、次の言葉がおもしろいですね。

つくべき縁あればともない、はなるべき縁あれば、はなるることのあるをも、

（聖典六二八〜六二九頁）

集団を去る人を、これもご縁であって、裏切りだと思うのは人間の自我意識の強さ

です。このようなことは、私たちの生活の中でよくあることで、反省させられます。教えというものは、自分のものではなく、仏教では教義、大きな意味では法義といいます。法（ダルマ）は、真実のことで、個人的な小さなものでなく、普遍性があり、道理があります。「大円鏡智《だいえんきょうち》」くもりなし、角《かど》なし、そのままを映す、これがダルマです。「私はこんなことを知っているよ」と、何か発見したように思っているが、みんな持っているものなのです。教えとは、長い歴史的教理、つまり継続している永遠性があります。

曹洞宗《そうとう》永平寺《えいへいじ》を開かれた道元《どうげん》禅師は、五年間も中国で学び帰国しました。ある人が、「長い間修行されたので、さぞすばらしいことを学んだことでしょう」とたずねました。その問いに、「横眼鼻直《おうげんびちょく》」これ一つと答えます。目ははじめから横に並び、鼻は顔の真ん中に縦についているということです。

「頭が南を向けば、尾は北を向く」

「太陽は東から出て西に沈む」

「人の子は人、子を生めば親になる」

「浅瀬は浪立つが、深海は浪立たず」

これらに流れているのは、真実ですから、だれも違うとはいわないでしょう。

仏教では、真実を発見したから師になるのではなく、師とは、お釈迦さまの教えを伝える先輩であるといえます。親鸞聖人のいわれる、

『安楽集《あんらくしゅう》』に云《い》わく、（中略）前《さき》に生まれん者は後《のち》を導き、後に生まれん者は前《さき》を訪《とぶら》え、

（『教行信証』「化身土巻」聖典四〇一頁）

という関係が、ともがらなのですね。この根本になるのは、仏からいただいた信心を、我がもの顔にすべきではないということです。

次のような、有名な逸話が残っています。親鸞聖人が、

善信《ぜんしん》が信心も、聖人の御信心もひとつなり

（『歎異抄』聖典六三九頁）

と発言して、仲間に非難されます。師と仰ぐ法然上人と、若輩の親鸞聖人の信心が同じとは、思い上がりだと先輩たちに責められたのです。その時に法然上人は、

源空《げんくう》が信心も、如来よりたまわりたる信心なり。善信房《ぜんしんぼう》の信心も如来よりたまわらせたまいたる信心なり。されば、ただひとつなり。（『歎異抄』聖典六三九頁）と、「私も親鸞も、本願を信じ念仏もうすのだから、二人の信心は同じだ」と答えられました。

つまり、如来からのたまわりもの、他力回向《たりきえこう》の念仏だから、だれが称えようと同じだということです。

たとえ、先輩にそむき集団を離れても、これは一つの縁で、しようがないことですから、切り捨てることはありません。人生紆余曲折《うよきょくせつ》はあるので、いつかまた帰ってくると信じているのです。「ああ、そうか」と、仏恩に目覚めてほしいという広い心、〝愛情〟を持っているのです。

親鸞聖人は、よく「悲しめ」といわれます。「悲」という文字には、悲しい環境にある他人に対して「共感する」だけではなく、「いつくしむ」という意味もあります。

六、真宗のご利益

私たちは、ご利益《りやく》があったとか無かったとか、「現世利益《げんぜりやく》」を耳にします。現世利益は、日常生活の中で直接的な長寿、商売繁盛、安全などを願う、祈願・祈禱《きとう》になります。お釈迦さまの時代の教えは、そんなものではなかったのです。

仏教が、中国や朝鮮半島を通って日本に伝わってくると、時の権力と結びついて、権力のある人が、病気平癒《へいゆ》や出世を願ったり、戦いに勝つために祈禱を行なうような、神仏習合になっていきます。

現代人も、みんな健康長寿を願います。それも、せめて平均寿命まではと思いますが、人生ままなりません。テレビでは、健康食品や健康器具、おいしいものの宣伝ばかりです。

ところが、おいしいものばかり食べていると、病気も出てくる。病院へ行かずにすむかといえば、そうもいかない。人間は病気になる時はなる。死ぬ時は死ぬ。もうかる時はもうかる、もうからない時はもうからない。世の中が変化して車が多くなると、事故も多くなって死につながります。さまざまな状況の中で生きねばならない、これが実相です。その時々にやってくることに対し、いつもいつも祈るだけで間にあうでしょうか。現代の世の中において、自分の実相というものをしっかり見つめ、祈願や祈禱の必要が無くなるようになりたいですね。

現世利益に対して、親鸞聖人は「現生十益《げんしょうじゅうやく》」を上げ、浄土真宗の利益を述べておられます。一言でいうと、本願を信じ南無阿弥陀仏をもうすことによって、私の事実を明らかにしていただくことが、現生の利益です。いうなれば、全部いただきものですから、現実から逃げない。病気や貧乏をうらまない。すべて自分の業《ごう》として引き受けるのが現生ということです。引き受けることを、いただくといいます。ところが、なかなかいただきものとは思えません。私にやってくるいやなものは、魔だから祓《はら》おうとします。

それよりも、煩悩具足の魔性の自己心を覗《のぞ》くことによって、本性に気づく。真実心も清浄心もない自分の実態がはっきりすると、他力回向《たりきえこう》の道を歩もうと決心することができます。第十八願の「我が国に来たれ」という仏のお心に対し、「彼の国へゆきましょう」と信じて一心に歩む。親鸞聖人は、南無阿弥陀仏をもうすと、この世で、

必ず現生《げんしょう》に十種の益《やく》を獲《う》。（『教行信証』「信巻」聖典二四〇頁）

と、十の利益を受けるといわれます。

現生十種の益には、どのようなものがあるのか、要点をあげてみましょう。

（一）冥衆護持《みょうしゅごじ》の益《やく》

山も川も、青い空も海も、吹く風も、あらゆるものが私を護《まも》ってくれていると気づくことです。あの風鈴の音色まで南無阿弥陀仏と聞こえて、私を護ってくれているということです。大自然と共にあるということですね。目には見えないが、いろいろな力、今は

亡き父母、祖父母、ご先祖が一緒になって、私を育んでくださっていると感じることができるようになる。広い大きな、宇宙的規模の捉え方ですね。

（二）至徳具足《しとくぐそく》の益

至徳とは、嘉号《かごう》・尊号・名号《みょうごう》と同じですから、南無阿弥陀仏を具足することができたということです。自分の持つ邪魔物の煩悩のおかげで、念仏を具足することができた喜びにかわります。

（三）転悪成善《てんあくじょうぜん》の益

悪を転じて善となす。極貧の苦しみや肉親を亡くした悲しみの涙が、喜びの涙に変わってきます。過去の辛い体験が、信心によって、如来さまのお育てであったといただくことができるようになります。

（四）諸仏護念《しょぶつごねん》の益　（五）諸仏称賛《しょうさん》の益

私がやっとお寺に参るようになったのは、誰のおかげでしょうか。私が、自分一人で参っていると思っていたが、亡くなった父母やご先祖、念仏もうした同朋が諸仏となって、共に参ってくださっている。そう気づくと手を合わせることができます。諸仏が私の背中によりそって、護り称讃してくださっている。「念仏もうす身となれて、よかったのう」と、ほめたたえてくださっていると思うことができます。

（六）心光常護《しんこうじょうご》の益

本願を信じれば、常に阿弥陀仏の光が信じる人を照らして護る。念仏もうせば、即座に仏がやってきて私を護ってくださると思うことができます。

（七）心多歓喜《しんたかんぎ》の益

如来を信じるものは、如来のお育てにあずかり、ありがたいなあと、心に多くの喜びを感じて生きてゆけます。

（八）知恩報徳《ちおんほうとく》の益

如来のご恩を報じる身となった喜び、あの「恩徳讃」ですね。感謝の気持ちで生活できます。

（九）常行大悲《じょうぎょうだいひ》の益

今の生活は、如来の大悲行《だいひぎょう》を行《ぎょう》じさせていただいているのだと喜びを感じることです。この法座にも、お寺の世話方《せわかた》がおられますが、如来の行をさせていただいているのですね。

あるご門徒のおばあちゃんが、朝夕散歩をしながら空缶拾いを続けていました。私が、なぜ空缶拾いをするのかたずねたところ、おばあちゃんはいいます。

「これも、如来さまのお手伝いですから……。実はご院家さん、最初は、そう思えませんでした。私が空缶やゴミを拾うと、道路がきれいになって通る人が喜ぶだろう。誰かが気づいて、捨てないようになるだろう、私は良いことをしている、と思っていました。

ところが、拾っても拾っても、誰も見ていないから夜のうちにポンポン捨てる。前日よりも多くなっている時もあって、どうして私の気持ちをわかってくれないのだろうと、だんだん腹が立ってきました。

でも、よく考えてみると『私が私が』と善を誇ろうとする自分があったんですね。続けているうちに、そんな思いは消えていきました。これも一つの、如来さまのお仕事をさせていただいていると感じています」

このような日暮しは、菩薩行《ぼさつぎょう》で、親鸞聖人のいわれる菩薩の位《くらい》に入り、さらに次の益「正定聚に入る益《しょうじょうじゅにいるやく》」の「正定聚の位《くらい》」につながります。

（十）正定聚《しょうじょうじゅ》に入《い》る益

現在の生活の中で、浄土へ必ずつれていくという如来の大悲を信じ、ゆるぎない自分の行き場が決まることです。念仏のほかないと心が決まると、菩薩の位に入り正定聚不退《ふたい》の位が定る。これが真宗の利益で、現生における救いです。

如来よりたまわりたる念仏が、私の口を通して出る。念仏相続できたことを喜び、親鸞聖人や、私たちの前を歩まれた念仏者に感謝するのが報恩講《ほうおんこう》です。

七、安らぎの心

本日のテーマは「安らぎの心」です。いつもお話しするように、私は父を早く亡くしましたので、小学校六年生の時から母のお供をして、この地域にお参りしてきました。みなさん方のご先祖からお育ていただいたのですが、お同行からはいつも「安《あん》心《じん》」という言葉を耳にしました。敗戦直後でしたから、日本人はみんな貧乏でした。どんなに貧しくても、仏壇だけは整えて、手を合わせ念仏に生きるほかない。これが、ご先祖が生きてきた証《あか》し「安らぎの心」です。安らぎの心は比較をなくすことです。私たちは、すぐ他人と比較して、ああでもない、こうでもないと愚痴《ぐち》が出る。このような人間の姿を、親鸞聖人は「生死流転《しょうじるてん》」といわれる。良寛《りょうかん》さんは「心コロコロ変わるのでこころという」と述べています。

「南無阿弥陀仏」は、比較のない私一人の問題です。比較する自分に気づくと、自分を放っておけなくなります。自己の煩悩の実態に出遇うと逆転できる。「南無阿弥陀仏」に出遇うということは、本当の自分に出遇うこと。他人に話せないような秘密を持つ泥沼の私、煩悩具足《ぼんのうぐそく》の凡夫《ぼんぶ》であることに気づき、頭が下がる。地獄の私に気づくことが一番大事だと思います。

仏教の行きつくところは、比較も何も無くなる非有無《ひうむ》の世界です。無価《むか》・無碍《むげ》、何もいらぬとなった時、最後に残るのは、かわいい自分だけ。でも最後は、自分も除《の》けなければならない時がくる。死ですね。無になって何が残るか？　その人が残してくれたもの、それは「南無阿弥陀仏」だけです。朝な夕な念仏もうして、本願の心に生きてきたご先祖の安らぎの心が、残され相続されてきた。そんな方々の姿を思い浮べると、「あの人に遇いたい」と思いますね。私たちは、その相続を後の人に残していく責任があります。

「生んでくれなくてもよかったのに」と不平不満をいって家を出ていく子どもに、

「すまんなあ」と後ろから手を合わせている父母がいた。仏教には「聞香《もんこう》」「聞光《もんこう》」という言葉があります。私はこの年になってよくわかるのですが、「あんたは聞きわけがいいなあ」といいますね。お内仏に孫と一緒に手を合わせて、

「マンマンア、おまえは聞きわけがいいなあ、おりこうじゃのう、じいちゃんはこんないい子をいただいて幸せじゃなあ」

といってお参りすると、仏の子の自覚ができるのです。

「悪い子じゃのう、誰に似たんじゃろうか」なんていうと、もうだめなんです。聞きわけるという、いいことを習慣にすると、仏の教えが身に染まる。それを仏教では「聞薫習《もんくんじゅう》」といいます。

「お母さん生んでくれてありがとう」

と、親の苦労に気づく。そして、大きな世界から拝み続けていた如来の願力《がんりき》に気づくのです。

「このままでよかった。他人以上の苦しみを味わったからこそ、如来のお心に出

遇ったなあ」

と、「生死厭足《しょうじえんそく》なし」（飽くことがない）の、苦労があたりまえの安らぎの心になる。これが南無阿弥陀仏の功徳《くどく》（良い報《むくい》をうける、おかげ）ですね。

先日、久住《くじゅう》町へお話に行った時、「聖典」にある言葉を紹介しました。

仏法をして久しく住せんことを得しめんがためのゆえに、勤《ねんごろ》に護持を作《な》す

（『教行信証』「化身土巻」聖典三八〇頁）

これが、久住という意味ですと話したら大変喜ばれました。「久しく法を住せしめんがため、如来真実の国より来たる」ということですね。

以前お話ししましたが、私たちは「仮の宿」に住んでいます。私は子どものころ、みなさん方のご先祖からそのことを教えてもらったのです。

「台風がひどかったけど、お宿はどうでしたか？」

「お寺のお宿のお母さんはお元気ですか？」

こう問われて、私はどういうことかと考えさせられました。お聖教を読んでみると、

七高僧をはじめ、多くの方々が、お浄土のことを、本土・本地・本家・本国などといっておられます。その中から、いくつかあげてみましょう。

「源信和讃」には、

源信和尚《げんしんかしょう》ののたまわく　われこれ故仏《こぶつ》とあらわれて
化縁《けえん》すでにつきぬれば　本土にかえるとしめしけり
（『高僧和讃』聖典四九七頁）

極悪深重《ごくあくじんじゅう》の衆生《しゅじょう》は　他の方便《ほうべん》さらになし
ひとえに弥陀《みだ》を称してぞ　浄土にうまるとのべたまう
（『高僧和讃』聖典四九八頁）

蓮如上人は、『蓮如上人御一代記聞書《ごいちだいききがき》』で、存覚《ぞんかく》上人辞世の御詠をあげておられます。

今ははや　一夜の夢と　なりにけり　ゆききあまたの　かりのやどやど
（聖典九一三頁）

また、善導大師《ぜんどう》は、「散善義《さんぜんぎ》」で、
もし念仏の者《ひと》は、（中略）命を捨ててすなわち諸仏の家に入《い》らん、すなわちこれ浄土なり。
（『教行信証』「信巻」聖典二四九頁）

といわれ、また『法事讃《ほうじさん》』では、
帰去来《いざいなん》、他郷《たきょう》には停《とど》まるべからず。仏に従いて、本家に帰《き》せよ。本国に還《かえ》りぬれば、一切の行願自然《じねん》に成ず。
（『教行信証』「化身土巻」聖典三五五頁）

また『往生礼讃《おうじょうらいさん》』では、
ゆめゆめ、まよいをひるがえして、本家にかえれ。
（『安心決定鈔《あんじんけつじょうしょう》』聖典九五三〜九五四頁）

といわれています。
いよいよの時は、如来の本家へ還り、浄土に生まれるということは、私の命も借りものいただきものだということです。本来、裸一貫、無一物で仮の宿に住んでいる私の命、借りものの命を、いつ、どこに、誰にお返しするか？

〝出る息、入るを待たず〟ですから、病院で最後の一息が「ハー」と出たら、もう入ってこない。お医者さんが「今、息をひきとられました」といいますね。誰が引き取るのか？　この娑婆で、仏法聴聞《ぶっぽうちょうもん》し念仏もうしてきた最後の一息こそ、南無阿弥陀仏です。誰も仏にせずにはおかぬという摂取不捨《せっしゅふしゃ》の阿弥陀さまに、「ようこそ、ようこそ」と引き取られます。阿弥陀さまと共に、どこへゆくのでしょうか。そここそが、私たちが無量寿《むりょうじゅ》（はかり知れぬ命の仏）となって還る帰依処《きえしょ》（絶対的依《よ》り処《どころ》）です。

人生は、どうなるかわかりませんが、その日まで、一息一息に頭が下がる。念仏相続できる喜びこそ、「安らぎの心」であります。

（S地域同朋会にて）

八、人生の終着地

『歎異抄』第九章は、この一つで現在の医療でいわれるターミナルケア（終末期医療）になる、大事な章だと思います。いよいよ人生の終着地は、どう生きるのか、安住の地であるためのケアですね。

『歎異抄』は、唯円《ゆいえん》が書いたといわれますが、私は疑問に思うところもあります。親鸞聖人と唯円の会話を、他に聞いていた人がいたのではないか。それは親鸞聖人の孫、如信《にょしん》（善鸞《ぜんらん》の子）ではないかという人もいます。『歎異抄』そのものを、唯円の著とするのは問題があるという人もいます。あと百年もすれば、わかるかもしれませんが、誰であろうとそれはそれでいいのです。第九章の冒頭の問答などは、親鸞聖人の語りとして、間違いないですね。ここでの親鸞聖人のお言葉は、聖人の『教行信《きょうぎょうしん》証《しょう》』や「ご消息《しょうそく》」（手紙）に照らすと、この通りなのです。

『歎異抄』の第九章には、

「念仏もうしそうらえども、踊躍歓喜《ゆやくかんぎ》のこころおろそかにそうろうこと、またいそぎ浄土《じょうど》へまいりたきこころのそうらわぬは、いかにとそうろうべきことにてそうろうやらん」と、もうしいれてそうらいしかば、「親鸞《しんらん》もこの不審《ふしん》ありつるに、唯円房《ゆいえんぼう》おなじこころにてありけり。よくよく案じみれば、天におどり地におどるほどによろこぶべきことを、よろこばぬにて、いよいよ往生は一定とおもいたまうべきなり。よろこぶべきこころをおさえて、よろこばせざるは、煩悩《ぼんのう》の所為《しょい》なり。

（聖典六二九頁）

とあります。

「親鸞さま、長い間念仏もうしてきましたが、踊りあがるような喜びが涌《わ》いてきません」それを「おろそかにそうろう」といっています。「疎《おろ》そか」という言葉は、最初はそうではなく、踊躍歓喜の心があったが、だんだん少なく、なおざりになってきたということですね。

念仏に出遇って、踊躍歓喜の念仏にいたるまでの時間に、私は一つの行程があるように思います。ここで、蓮如上人の『御文《おふみ》』第一帖第一通の「古歌にいわく」が思い浮かびます。

古歌にいわく

うれしさを　むかしはそでに　つつみけり　こよいは身にも　あまりぬるかな

(聖典七六一頁)

最初に念仏に出遇った時は、雑行雑修《ぞうぎょうざっしゅ》の分別《ふんべつ》もなく、何もかもわけもなくいただいた。それを「昔は袖につつみけり」と、表現しています。念仏もうせるようになって、初歩の喜びがやってきたのです。

次に「こよいは身にも、あまりぬるかな」は、雑行雑修を振り捨てて、一心に名《みょう》号《ごう》を称える身になれた。一心とは雑行雑修ではなく、専《もっぱ》ら阿弥陀一仏を信じ念仏もうす。ということは、如来の大悲に気づき、そのありがたさに踊りあがるほど、身にもあまりぬるかなとなります。それを、蓮如上人は、次のようにまとめられています。

正《しょう》・雑《ぞう》の分別をききわけ、一向一心になりて、信心決定《けつじょう》のうえに、仏恩報尽《ほうじん》のために念仏もうすこころは、おおきに各別なり。（『御文』聖典七六二頁）

一心になると、あれこれはからいが不要になり、如来の大悲に気づいていく。毎日の生活そのものが、踊躍歓喜の心であった。それが、時間がたつにつれて、だんだんおろそかになる。

「私は、いつ死んでもいいと思っていましたが、この身が惜しくなるとはどうしてでしょうか」という唯円の問いに、親鸞聖人は答えられます。

「親鸞も……」この「も」が大事です。「親鸞もこの不審ありつる」ですから、不審が連続している。親鸞も唯円房と同じ思いだといわれた。親鸞聖人は、どこまでもおろかな身であるという自覚を持った信心の方です。別の表現で、〃地平の人〃といいます。

日常生活で、常に心を空《から》っぽにして人の話を聞くのは、なかなかできないことですね。私の知人に「ほほーそうかな、あんた」と、話を全部聞き入れて感動する人がいます。空っぽでないと感動もなく、人の話を聞けません。相手の気持ちを、同じ立場で、同じ心で聞いてあげるのは、大変むずかしいことです。

道綽禅師《どうしゃくぜんじ》は、

前《さき》に生まれん者は後《のち》を導き、後《のち》に生まれん者は前《さき》を訪《とぶら》え、

（『教行信証』「化身土巻」聖典四〇一頁）

といわれています。

たとえば、「私もあの若さのころは、同じだったなあ」とか、お年を召した方を見れば「私も、あの年になると同じだろうなあ」と、地平の人になれる。そうなると、共に楽しみ尊敬し合える同朋《どうぼう》になれます。

「水がいっぱいの鉢が割れると、月は映らない」といいますが、同朋の朋は、私もあなたも共に照らし合う姿、心と心が通じ合う「も」の世界です。鉢が割れてしまったら、切れてしまったら、水は入りません。常に心をむなしくして、人のいうことを

素直に聞ける器《うつわ》でありたいと思います。

仏法では人間を「機」といいますが、人間には器がある。どんなものも入れていこうとする器がはたらいて、機転がきく。仏法に機転していくのですね。法がけしかけるというか、南無阿弥陀仏がはたらきかけてくださる。私がたすけてくださいという前に、たすけずにはおけぬといってくださっている。それに対して、私が南無阿弥陀仏と応じていけるかどうか。このように、機は法に照らされて機転していくのです。難しい言葉ですが、「機法一体《きほういったい》」といいます。

「南無」と帰命《きみょう》する機と、阿弥陀仏のたすけましまます法とが一体なるところをさして、機法一体の南無阿弥陀仏とはもうすなり。

（『御文』聖典八二六頁）

「私も煩悩具足の凡夫でのう。唯円も同じであったか。よろこぶべきことをよろこべぬからこそ、ゆくべき道が決まった。大悲に生きることで、今生《こんじょう》において往生まちがいなしだ。唯円房よ、よくいってくれた」

親鸞聖人と唯円が、ともどもに念仏のありがたさを喜び合う状況が察せられます。

親鸞聖人から自分も同じといわれて、唯円は心強く思ったでしょう。

人間は「相すみませんでした」という慚愧《ざんき》心がないと、感謝する気は起こらず、念仏も出ませんね。「念仏など、くそくらえ」といってきた五逆罪《ごぎゃくざい》。仏法では、人間の最も重い罪を五逆罪といいます。それは、①母を殺す ②父を殺す ③聖者（阿羅《あら》漢《かん》）を殺す ④仏のからだを傷つけ血を流す ⑤仏教の集団を乱すの五つの罪を、五逆罪といいます。他人の悲しみを悲しめない、他人の喜びを喜べない五逆罪の私に気づくと「ああ、ありがとうございます」といえます。このおぞましき身によって、はじめて仏に遇うことができる。人間の機の力です。

いずれの行もおよびがたき身なれば、とても地獄は一定《いちじょう》すみかぞかし。

（『歎異抄』聖典六二七頁）

この親鸞聖人のお言葉が、身に響いてきます。ここから出発しないと、浄土への道は開かれません。

仏壇の前に座ると、信心決定《しんじんけつじょう》して死んでいったご先祖の姿が浮かんできて、うれしく思う。そこへ、父も母も還相《げんそう》の菩薩として、今生にもどってきている。仏壇は亡き人が諸仏となって、阿弥陀さまと共にましますと思わねば、手が合わせられませんね。

ある奥さんが、「こんな人と結婚しなければよかった。夫に苦しめられるばかり」と愚痴をこぼしていました。ところが、その夫が亡くなると、

「主人は、ヤクルトとあんパンが好きだった。仏壇に供えずにはいられません」

といいます。ある方は、

「生前に、さんざん傷めつけられた夫でしたが、亡くなると、うらみつらみが消え去って、夫の良いことばかりが思い出されます。なぜでしょうか」

と聞かれます。

「それは、ご主人が確実に仏さまになった証拠ですよ」

と、私は答えました。

つい先日、あるご門徒の奥さんが話してくれました。

「孫娘が遊びに来た折、一輪の花を髪にさしてあげるというと『これ、おじいちゃんにあげる』といって、その花を仏壇に供えたんですよ。主人が亡くなって二か月後に生まれた子なので、まったくおじいちゃんを知りません。孫娘が遊びに来た時、『ここに、おじいちゃんがいるのよ』といって、私が手を合わせていたからでしょうか」

幼い子が、会ったこともないおじいちゃんを思い、「マンマンア」と手を合わせる。天親《てんじん》菩薩のいわれる「仏性《ぶっしょう》」ですね。煩悩や汚れのない「無漏《むろ》」の状態です。

人間は、社会生活を営むにつれて、「有漏《うろ》の穢身《えしん》」になりますが、人間の内なる魂を呼びもどしてくださるのが「南無阿弥陀仏」です。

九、もの世界

私たちは、どちらかというと我《が》が強い。俺は、俺が、という我の世界、これは断絶です。自己の肯定で、他人を排除していく。私の思うようになる人は良い人になり、私のいうことを聞かないと、悪い人になるでしょう。私たちは、我を中心にして善悪の判断をしがちです。この我を出して生きるのは、悩みが多いですね。

親鸞聖人の教えをいただくと、もの世界に変わります。もは垣根が無く、何ものにもさまたげられない無碍《むげ》の世界です。蓮如《れんにょ》上人の言葉でいえば、

なにのようもなく、一心一向に阿弥陀仏をふかくたのみまいらせて、

（『御文』聖典八三三頁）

で、何の仕度《したく》もいらぬということです。

人間は旅に出る時、スーツケースいっぱいに荷物を用意します。おみやげも買わねばとかね。ところが、この世は「仮《かり》の宿」ということなら、どんな用意をしますか。私は、若いころ「仮の宿」というのを、門徒さんに教えてもらったんです。

「ご院家さん、お宅のお宿はどうですか」

と、たずねられた時、すずめのお宿のような妙な感じがしたものです。

よく考えたら、人生は仮の宿で浄土への旅ゆきです。「死後は如来の家に生まれる」、これが浄土往生です。

そういえば、芭蕉の『おくの細道』の最初に出てきます。

月日は百代の過客にして、行きかう年もまた旅人なり。

私たちは、今の生活が「仮の宿」とはなかなか思えませんね。親鸞聖人も『歎異抄』で、

いまだうまれざる安養《あんにょう》の浄土はこいしからずそうろうこと、（聖典六三〇頁）

といわれます。たとえ苦しくとも、不平不満があっても今が一番いい、死にたくはな

いのですね。

この生きがいのある宿で、どんな旅仕度《たびじたく》をするのか、蓮如上人は「なんのようもなく」といわれます。ここが真宗の教えです。「ああしよう、こうしよう」との計《はか》らいが邪魔になり、くたびれもうけです。浄土へ行くためにと、難しい本を読んでも、修行をしても、なかなか完遂しない。

蓮如上人の「なにのようもなく」の次に、一言だけ出てくるのは、「一心一向に阿弥陀仏をふかくたのみまいらせて」ですから、「ただ一心に念仏もうす」ということです。それを昔の同行は、「平成業成《へいぜいごうじょう》」といいました。毎日の生活の中で、お念仏に出遇う「信心」ですね。

私たちは、毎日の生活の中で、どれだけ悪を重ねているでしょうか。他人の悪口をいわないと決心しても、三日と続かない。「他人の傷みに気づきましょう」と口ではいうが、我が身がかわいいばかりですね。道端に、空缶や煙草の吸いがらがたくさん落ちているから、一人で掃除をする。出発点では、ご報謝だといって始めたのに、誰も気づかず通り過ぎると腹が立つ。おほめの言葉が欲しい。どこまでも、我見《がけん》・我《が》愛《あい》・我執《がしゅう》で生きています。

ですから、親鸞聖人は「無始已来《むしいらい》つくりとつくる罪」といわれる。この人間の悪業《あくごう》煩悩《ぼんのう》を目当てとされたのが、南無阿弥陀仏です。悪業煩悩でなければ、ただ一心が出てこない。自分は善人と思っている人は、「これもできる・あれもできる」と自己肯定ばかりで傲慢《ごうまん》になります。悪業煩悩《あくごうぼんのう》の中味に気づかせてくださるのが、如来の本願つまり南無阿弥陀仏です。

ここをしっかり考えていただきたいのですが、南無阿弥陀仏を二つに分けると、一つは「遇名《ぐみょう》」、名は名号で南無阿弥陀仏のこと、仏の名告《なの》りです。名号・尊号・嘉号《かごう》ともいいます。遇名は、南無阿弥陀仏に遇わせていただく遇名念仏です。

もう一つは「称名」、遇うことのできた喜びを、ほめたたえる称名念仏です。親鸞聖人は、み名《な》を称《たた》えて仏の心である本願に遇うことが大切だといわれます。天親《てんじん》菩薩の和讃に出てきます。

本願力《ほんがんりき》にあいぬれば　むなしくすぐるひとぞなき
功徳の宝海《ほうかい》みちみちて　煩悩《ぼんのう》の濁水《じょくしい》へだてなし
（『高僧和讃』聖典四九〇頁）

本願力に遇えば、煩悩も邪魔になりません。念仏を称《とな》えるほどに、己の実態が明確になる。煩悩まる見えです。こんな私でも、もという「もの世界」でないと、本願は届きません。

「阿弥陀如来は、どんな人ですか？」

親鸞聖人は、姿・形・色も無い「法身《ほっしん》の如来」といわれ、木像を否定し、南無阿弥陀仏の名告りを本尊とされました。蓮如上人も、

当流《とうりゅう》には、「木像よりはえぞう、絵像よりは名号」と、いうなり。
（『蓮如上人御一代記聞書』聖典八六八頁）

といわれています。

『無量寿経』には、

みな、自然虚無《じねんこむ》の身《しん》、無極《むごく》の体《たい》を受けたり。

（皆受自然《かいじゅじねん》、虚無之身《こむししん》、無極之体《むごくしたい》）

（聖典三九頁）

と説かれています。

真実というものは、姿・形・色も無い荘厳《しょうごん》という化《け》の世界だとあります。それでは頼りないと、人間がダルマ（法）を身をもって示した姿として、阿弥陀如来像を安置するようになりました。形が無いと、人間の目、六根《ろっこん》が承知できず、手を合わせられないのです。本尊は、どこまでも「南無阿弥陀仏」です。真実とか絶対なるもの、完全なるものは、目に見えません。

たとえば、あのモジリアニという画家の絵ね。面白い顔をして、首がヒューンとして、ピュンとお月さまのような目をした女性を描いた。それで、「とぼけた絵を描くものだ」と、生きているうちは誰も相手にしてくれなかった。笑ったそうですよ。それでも自分の理想の女性、苦悩も喜びも、あらゆるものを持ち合わせた姿をと、描いても描いても、これもだめ！　これもだめ！　いくら真実に向かっていっても相対である。真実に到達しないんですよ。

それは、人間という限定のある人間、つまり相対なる自己がいくら絶対に向かっていっても、相対であるということなのです。むしろ、未完成こそすばらしい。未完成という情熱なのですね。人間には、絶えざる努力というものがあるからこそ、真実や絶対に向かっていく一つの道であるのです。求道《ぐどう》なのです。求道というものが、真実なる絶対を求めていくのです。モジリアニが亡くなると、彼の絵が認められ人気が高まりました。

唯識《ゆいしき》では「円満成就《えんまんじょうじゅ》せり」という言葉があります。この円一つを考えてみても、円はどこにありますか。円を描いても、円らしきものにすぎない。円《まる》いというが、完全なる円とはどんなものかを誰もいえない。ギリシャ哲学のプラトンは「円は消されてはじめて絶対性がある」といいました。

「あなたを愛します」といいますが、「では真実の愛をここに出して見せてくれ」といわれても無い。たとえ愛しても、人間の愛はたかが知れている。相手が亡くなると

「ああ、あのうるさい行為も愛であったか」と気づきます。愛が成就する「もの世界」です。

極楽浄土の世界は、どこにあるのでしょうか。

但《ただ》もろもろの楽《らく》を受く、かるがゆえに極楽《ごくらく》と名づく。（但受諸楽《たんじゅしょらく》、故名極楽《こみょうごくらく》）

（『阿弥陀経』聖典一二六頁）

但《ただ》自然《じねん》快楽《けらく》の音《こえ》あり。（但有自然《たんうじねん》　快楽之音《けらくしおん》）

（『無量寿経』聖典三八頁）

お経では、このような言葉が出てきますが、想う世界です。「日の沈む落日を想え」、「水面の平らな状況を想え」、「日、月、水、地のようなものを想え」、そこからは、風がポーと吹いてきて、楽しい快い音、仏法僧《ぶっぽうそう》の三宝の法音が聞こえてくる。その他、いろいろな言葉で、人間の目に見えない、真実清浄の世界について書かれています。

私は、こう思います。日本のすばらしい大自然が、浄土を表現してくれていると。

春は花夏ほととぎす秋は月冬雪さえて冷《すず》しかりけり　道元

冷たいと書いて、冷《すず》しと読むところがおもしろい。冬に、一面の白い雪を眺めていると、なるほど、冷《すず》しかりけりと感じられていいですね。

形見《かたみ》とて何か残さん春は花山時鳥《やまほととぎす》秋は紅葉《もみじば》　良寛

日本の四季の訪れを感じる時、かたみとて何を残そう、春は花々が咲くではないか。夏はほととぎすが鳴き、秋は紅葉が照り輝き、冬は雪が降って真白な銀世界、何の不足があろうか。

私は、大自然の風景が浄土からのおくりもののような気がします。これでもかこれでもかと、浄土の姿を見せてくれているのに、気づかずに通り過ぎてしまう。身近な大根やねぎにしても、色や形のみごとさをほめず、「値段が高いのにおいしくない」といって食べている。画家が、桜の花をどんなに上手に描いても、本物にはかなわない。道端の片隅に、ひっそり咲く可憐なすみれは描き表せません。

大自然は、私たちに何を教えてくれるのか。これは私自身にいう言葉ですが、「大きなことをいっても、たかが知れている」、この「たか」は値《あたい》、価値ですね。念仏は、ねうちの知れた私をも見捨てない。そのような私を完成させようと、どこからか阿弥陀が呼びたまう。その声に「南無阿弥陀仏」と応《こた》えられるか、そのようなことを思います。

十、法蔵菩薩の願い

何年前になるでしょうか。私が若いころ、フランス生まれの詩人シャミッソーという人の『影を売った男』という本を読みました。自分の影を売ってしまった男の話で、この本の捉え方はいろいろあるでしょうが。おもしろくて、イソップ物語のようでもあります。しかし、私の印象では東洋的で味わい深く、自分自身の問題にたどりつくような物語でした。

それ以来、私は長い間「影とは何か?」と考え続けました。おおよその内容を話しますと、貧しい若い男が、金が欲しいなあ、働かなくて金の入る道はないものかと思って暮していました。

ある日のこと、灰色の服を着た見知らぬ男に、

「あなたの、その美しい影を売ってください」

と、声をかけられます。

「あなたは、足もとの自分の影に目を向けようともしない。この金貨がいくらでも出てくる金袋と交換しましょう」

と、影買いの男がいうのですね。金袋と聞いて青年は「自分の思う通りだな」と喜んで、いとも簡単に自分の影を売ってしまった。親鸞聖人のいわれる煩悩に眼《まなこ》さえられて、金が欲しいという煩悩に狂わされたのです。

さあ、それから青年の苦悩が始まります。太陽が出ている時は、外へ出られない。光があるのに影がうつらないので、みんなに「あいつは人間の姿をしているが影がないぞ、人間ではないぞ、おばけだ」といわれる。雨や曇の日は外に出るが、太陽が照りはじめると急いで家の中に隠れる。月がこうこうとさえわたる夜も、「影がない」と指摘される。自分の影のない正体に驚く。

「しまった！」

影がないと、人間として認められない。おろかなことをしてしまった。青年は、影を買いもどそうと全国を回るが、なかなか影買いの男に出会えません。はじめて、大事なものを失った世界に気づき、悩みが続きます。

何がどうあろうと、誰がどうしようと、元気であろうと、病気になろうと、光あるところに影が、闇がある。これは事実なのです。どちらかというと、影はおかげかもしれない。おかげというものは、自分の実態を知らしめる。人間は、六根を持った不足ない自分を不足と思う。心（識《しき》）が、自分自身をさえぎるのでしょう。結果しか見えないのが人間ですね。

青年は、やっと影買いの男に出会いますが、なかなか返してくれない。現れては、どこかへ行ってしまい、男に振り回される。その間、青年にはいろいろあって、金はふんだんに使えるので多くの人が寄ってくるが、影がないとわかると、離れていってしまう。青年は、髪も白くなり、苦労のあげく、とうとう金袋を深い穴に放り投げます。金もなく影もないが、心は晴れ晴れとするのですね。働く意欲がわき、自然のす

ばらしさに気づいて、世界中の大自然の中を歩きまわる。青年は最後に、

「ここからまことのはじまりだ」

といっています。

影を売った男のように、人間はみな、おのれの煩悩に振り回されて苦しみますが、

「煩悩あるところに大悲あり」といわれます。

法蔵菩薩は、このような人間を救いたいと思って、四十八願を建《た》てるのです。法蔵比丘《びく》（仏になる前の修業者）は、一人の人間ですから、私たちと同じような喜怒哀楽《きどあいらく》の体験を持つ泥凡夫《どろぼんぶ》でした。自分の願いや体験を超《こ》えていくものがあるのではないかと思います。これを「超世《ちょうせ》の悲願《ひがん》」といいます。

法蔵菩薩は、世自在王仏《せじざいおうぶつ》の所へ行って、苦悩を打ちあけ、決意を述べます。それが、「光顔巍巍《こうげんぎぎ》」からはじまる「嘆仏偈《たんぶつげ》」の最後にあります。

たとい、身をもろもろの苦毒の中《うち》に止《おわ》るとも、我が行《ぎょう》、精進《しょうじん》にして忍《しの》びて終《つい》に

悔《く》いじ。

（仮令《けりょう》身止《しんし》　諸苦毒中《しょくどくちゅう》　我行《がぎょう》精進《しょうじん》　忍終不悔《にんじゅふけ》）（『無量寿経』聖典一三頁）

「たとえどんな苦労があろうとも、願《がん》が成立するに至るまで、あらゆることを後悔しません」、命がけだったのです。最初、世自在王仏は「自分で修行しなさい」といわれます。しかし、法蔵菩薩のかたい決意を受けて、二百十億の浄土の良い面悪い面を見せた。そこから、法蔵菩薩は四十八選びとって四十八願を建てたのです

四十八願にはいろいろありますが、親鸞聖人が特に大切にされた願をあげてみます。

第十二願……光明無量――大悲限りなし

第十三願……寿命無量――命限りなし

光と命の南無阿弥陀仏といわれるのは、第十二願、第十三願を意味します。

第十七願……諸仏称名《しょぶつしょうみょう》の願、ここではじめて称名が出てきます。無量の諸仏が称名（南無阿弥陀仏）をとなえている。仏と仏が思い合って、ほめたた

える。これを仏々想念《ぶつぶつそうねん》といいます。

第十八願……十方衆生《しゅじょう》（生きとし生けるもの）が、如来よりたまわりたる信心、他力の念仏をとなえ、仏国土へ生まれたいという意欲を持って欲しい、意欲が大事です。もっとも大切な王本願《おうほんがん》といわれるので、次回にもう少しお話したいと思います。

第十九願……菩提心《ぼだいしん》（覚りを得たいと願う心）をおこしとありますから、どちらかというと倫理《りんり》・道徳です。もろもろの功徳を修して、自分は間違いない、他人に迷惑をかけぬとうぬぼれが出る。自力《じりき》の善を持っていこうとするが、後に他力へ変わっていく。

第二十願……雑行雑修《ぞうぎょうざっしゅ》の念仏で、あれもこれも参り、どちらかというと自力念仏で一心になれない。

名号を聞いて、仏の国に生まれたいと願うものは、必ず果《は》たし遂《と》げたいという「果遂《かすい》の誓《ちかい》」がありますから、自力が宿善《しゅくぜん》となって他力に変わる。宿善とは、これまで自分が行ってきた善根が、ある時期に開かれて他力となる。これに対し、第十七願は、仏の方からはたらきかけられるので宿縁《しゅくえん》という。宿善と宿縁は対比して語られます。

第二十二願……還相回向《げんそうえこう》、以前話しましたので、またの機会に復習しましょう。

第十八願が大切だとわかって一心になれるのは、第十九願、第二十願をへて迷いに気づくからです。自力の念仏が他力の念仏へと変わると、「待ってました」という阿弥陀仏の呼び声に気づきます。それを親鸞聖人は「如来の勅命《ちょくめい》」また「念仏往生《ねんぶつおうじょう》の願《がん》」といわれます。

法蔵菩薩の修行は、法蔵比丘から法蔵菩薩へ、そして阿弥陀如来（仏）になる段階があります。法蔵菩薩は、私たちと同じ泥沼の業《ごう》を持っていた。私たちと共に、その業を果たそうとする一体同意（同じ心）、つまり共生です。そうでないと、人間の悩み苦しみはわからない。仏の心をいただかないと、人間は救えない。親鸞聖人が「念仏往生の願」といわれたのは、私たちが、泥沼のままで法蔵菩薩の姿に生きる、法蔵菩薩の願に近づきながら生きていく、浄土への旅立ちであるということです。

現代の世が不浄《ふじょう》ですから、あっちへ旅立ちこっちへ旅立ち、帰ってきてもまた次を望む。ですから、浄土は自分自身で見出させていただく世界ともいえましょう。如来の心は「深広無涯底《じんこうむがいてい》」（「東方偈《とうほうげ》」聖典五〇頁）果てもなく底もない。私たちに深くて広い心を念仏が教えてくれる。

農業をされている方々は、最近の炎暑や大きな台風が来たりして、ご苦労が多いですね。暑かろうが寒かろうが、自然現象がなければおいしい米ができない。そうなると「暑いなあ」とボヤきながらも、田守《たも》りをしなければならない。暑い中で感謝の心があれば、一陣の涼風が吹いてくるではありませんか。この厳しさが当たり前として、手を合わせることができる。農業をされているご門徒の方々が、「百姓は苦になりません」といわれますよ。その姿が尊い。それが念仏者の生き方ではないでしょうか。

当たり前が尊い。

影を売った男は、影を売ってしまってそれに気づいたのでしょう。煩悩を無駄にして売ってはいけないことに。この男は、金がほしい欲はあったが、煩悩の根源に目覚めきれていなかった。煩悩があるからこそ、如来の光に出遇うことができる。ですから、親鸞聖人は次のようにいわれます。

他力の悲願は、かくのごときのわれらがためなりけりとしられて、いよいよたのもしくおぼゆるなり。（『歎異抄』聖典六二九頁）

万象《ばんしょう》がすべて自然の理《ことわり》と思いきれると、煩悩が転じていって〝おかげ〟大事な影と思える。

おのれの実態がつかめた時、本願の耀きに出遇う、転ずるということですね。スイッチの切り換えです。テレビのチャンネルのスイッチはたくさんありますが、私たちの心には、一つ念仏の切り換えのスイッチがあります。

十一、第十八願

たとい我、仏を得んに、十方衆生、心を至《いた》し信楽《しんぎょう》して我が国に生まれんと欲《おも》うて、乃至《ないし》十念せん。もし生まれずは、正覚《しょうがく》を取らじ。唯《ただ》五逆《ごぎゃく》と正法《しょうぼう》を誹謗《ひほう》せんをば除く。

（『無量寿経』聖典一八頁）

仏の四十八願の中の第十八願に、「至心信楽《ししんしんぎょう》、欲生我国《よくしょうがこく》」とあります。いずれも、仏のほうからの信ですが、これを三信といいます。

「至心」は、仏の心です。「信楽」は、仏にまかせきって救われようと思う心、それが信心歓喜《しんじんかんぎ》と同じになります。「欲生我国」は、浄土に生まれようと願う心です。

この三信を、一心に信じてほしいと、法蔵菩薩（阿弥陀仏の前身）が建《た》てたのが第十八願です。その第十八願が完成（成就）するために、一つの行《ぎょう》として六字の名号、南無阿弥陀仏が打ち出されました。南無阿弥陀仏をもうすことで、人間の身（身に感じる）、口（口でいう）、意（心の中で思う）、これを人間の三業《さんごう》といいますが、身口《しんく》意《い》の三業を真実清浄にするために、第十八願が建てられました。

仏教には、いろいろあり、浄土真宗は大乗《だいじょう》仏教です。

小乗仏教は、自分一人で仏になるための修行をします。小さな乗物にたとえられ、万行《まんぎょう》の小路《しょうろ》とか川という言葉が出てきます。

大乗仏教は、大きな船にたくさんの人が乗るがごとく、共に救われたい。大船、弥陀の願船《がんせん》とか弥陀の大願というような言葉が出てきます。どんな人間も平等に救われる共生、つまり同行《どうぎょう》と共にですね。

第十八願は、「凡夫が仏になる」ということが問題だったのです。地獄の底に堕ちているような、泥凡夫《どろぼんぶ》、悪凡夫の往生が目当てで、これは仏の一大事です。仏のほうから、かねてしろしめして（見通しておられて）、煩悩具足《ぼんのうぐそく》の凡夫よと呼びかけられる。

『歎異抄』の研修会で、よく耳にします。

「念仏が出るようになっても、天に踊り地に踊るほどの踊躍歓喜《ゆやくかんぎ》はありません」それは、自分は善人と思う慢心《まんしん》があるから、本願に帰れないのです。慢心にはいろいろあって、自慢だけでなく、劣慢《れつ》、卑劣慢《ひれつ》、卑慢《ひ》、卑下慢《ひげ》というものもあるのです。私はつまらぬ者ですがと、口ではいいますが「なあに、おまえは」と、口と心は違うという慢心です。煩悩具足の凡夫は、どこまでいってもトゲがある。このような地獄一定《いちじょう》の人間を仏にしたいのですから、仏の「大慈悲心」といいます。人間には、南無阿弥陀仏以外のことはできないと、仏は見通しておられる。南無阿弥陀仏は、「マンマンマンア」と、誰にでもたやすく称えられます。

しかし、私たちの日常生活は、朝から晩まで現実に追われ仏を忘れています。ここのところを、親鸞聖人もいわれています。

誠《まこと》に知りぬ。悲しきかな、愚禿鸞《ぐとくらん》、愛欲の広海に沈没《ちんもつ》し、名利《みょうり》の太山《たいせん》に迷惑《めいわく》して、定聚《じょうじゅ》の数《かず》に入《い》ることを喜ばず、真証の証に近づくことを快《たの》しまざることを、恥《は》ずべし、傷《いた》むべし、と。

（『教行信証』「信巻」聖典二五一頁）

正定聚《しょうじょうじゅ》の数に入るというのは、もう自分のゆくべき道が決まるということです。如来の願を信じ「よし、この道をいこうと決断し、念仏もうしていく」というのが、正定聚不退《ふたい》の位です。いくところが決まる。この道が踊躍歓喜につながります。

このこころをえつれば、わがこころのわろきにつけても、弥陀の大悲のちかいこそ、あわれにめでたくたのもしけれ、とあおぐべきなり。

（『後世物語聞書《ごせものがたりききがき》』聖典九三四頁）

親鸞聖人は、不退の位が定まったのに喜ばない、そういう人間をなんとかしようといわれるから、本願はたのもしいといわれています。

蓮如上人も、懈怠《けだい》（なまけ心）について、次のように述べられます。

「ときどき懈怠《けだい》することあるとも、往生すまじきか、とうたがいなげくことあるものあるべし。しかれども、はや、弥陀如来をひとたびたのみまいらせて、往《おう》生《じょう》決定《けつじょう》ののちなれば、懈怠おおう（多）なることのあさましや。かかる、懈怠おおう

なるものなれども、御たすけは治定《じじょう》なり。ありがたや、ありがたやと、よろこぶこころを、他力大行《たりきだいぎょう》の催促《さいそく》なりともうす」と、

（『蓮如上人御一代記聞書』聖典八五八頁）

私の子どものころ、「お念仏はご催促よ」と、ご門徒のおばあさん方の口から聞こえてきたのを思い出します。

浄土真宗に帰《き》すれども　真実の心《しん》はありがたし
虚仮不実《こけふじつ》のわが身にて　清浄《しょうじょう》の心もさらになし

（『正像末和讃』聖典五〇八頁）

念仏を喜ばない、自己の正体を知る時、念仏の催促によって「待て、本物か？」と、虚仮不実《こけふじつ》の実体に出遇い、念仏に遇う。

そして、親鸞聖人はいわれます。

南無阿弥陀仏にあいまいらせんことこそ、ありがたく、めでたくそうろう御果報《ごかほう》にてはそうろうなれ。

（『親鸞聖人御消息集（広本）』聖典五六四頁）

久遠劫《くおんごう》よりいままで流転《るてん》せる苦悩の旧里《きゅうり》はすてがたく、

（聖典六三〇頁）

『歎異抄』第九章に、

とありますが、なぜ久遠劫が出てくるのでしょうか。私自身の悩み苦しみが久遠劫とは、歴史的事実なのですね。私だけでなく、父母が、祖父母が、その上の上のご先祖が、親鸞聖人が、七高僧が。もっというならば、本願を建《た》てる時の法蔵菩薩が、久遠劫よりひっさげてきた煩悩具足の凡夫であったと、いいたいのです。遠い遠い見えない世界、宇宙の塵《ちり》一点であった時から、人間が背負ってきた重荷（業《ごう》）ですね。それを何とかせずにいられないという、本願の重さとありがたさを思わずにはいられない。それが、親鸞聖人の共通性ということです。ですから〝無始已来《むしいらい》（始めが無い）作りと作る悪業煩悩《あくごうぼんのう》の正体〟といわれます。そこに気づいた時に、「ああ」とため息が出て、南無阿弥陀仏の他力大行の催促に気づいていくのでしょう。

阿弥陀仏を信じ念仏もうせば、必ず浄土へつれていくという仏の誓願は、往生するという証（さとり）で約束です。死んでからではなく、「現生往生《げんしょうおうじょう》が決まる」とは、今生において、仏と私との約束が完成（成就）するのです。

この道しかない春の雪降る　山頭火

たとえ大雪が降ろうが、嵐が吹こうが、私にはこの道しかないという、山頭火の俳句を思い出します。

親鸞聖人は、念仏の道を同朋と共に歩いていきましょうといわれます。

十二、焦げた種

仏教では難治《なんじ》の三機《さんき》といって、人間にはどんな名医でも治すことができない、薬も効かない三つの病気があるといわれます。

（一）謗法《ほうぼう》……仏法をそしる。

（二）五逆罪《ごぎゃくざい》……①母を殺す　②父を殺す　③聖者を殺す　④仏のからだを傷つけ血を流す　⑤仏教の集団を乱す

（三）一闡提《いっせんだい》

「謗法」と「五逆罪」については、以前お話ししましたので、今日は「一闡提」について考えてみたいと思います。一闡提については、仏教辞典でいろいろ解釈されています。それによると、「先天的に仏になる可能性のない者。真理の存在を否定する者。いかに修業しても覚りえぬどうしようもない者。三宝（仏・法・僧）を信じない者」とあります。

親鸞聖人は、闡提《せんだい》のことを無根《むこん》といわれます。無根は根無しで焦種《しょうじゅ》（焦《こ》げた種）ともいいます。焦げた麦茶を地に植えて、水を与えても芽は出ませんね。どうにもならない。人間は本来、種子《しゅうじ》という仏性《ぶっしょう》を持ちながら、煩悩《ぼんのう》が邪魔をして焦種になってしまう。

蓮如《れんにょ》上人は、

無始已来《むしいらい》つくりとつくる悪業煩悩《あくごうぼんのう》を、

（『御文』聖典八三四頁）

といわれます。人間は、青色青光、黄色黄光、赤色赤光、黒色もあるかもしれないが、十人十色、各々の仏性が煩悩によって、どうにもならない悪に染まる。それを無始已来（はじめがない）続けているのが人間だと、蓮如上人はいわれます。私たち現代の人間も同じことをしている。なぜこのようなことをいわれるのか？　つまり、煩悩の歴史、（無明《むみょう》の歴史）をいわんとしているのです。

親鸞聖人は、煩悩あるところに仏の大悲があると、和讃で述べられています。

煩悩《ぼんのう》にまなこさえられて　摂取《せっしゅ》の光明みざれども

大悲ものうきことなくて　つねにわが身をてらすなり

（『高僧和讃』聖典四九七～四九八頁）

一闡提の代表のように語られるのが、『涅槃経《ねはんぎょう》』に出てくる阿闍世《あじゃせ》王です。一つの物語としてえがかれています。インドの阿闍世太子は、早く王になって好き勝手をしたいために、父王を殺そうと思い、牢獄《ろうごく》に閉じこめます。お釈迦《しゃか》さまのいとこである悪人の提婆達多《だいばだった》のそそのかしに乗ったのです。ですから、提婆達多も闡提《せんだい》なのですね。

阿闍世は、父王に食べ物や水を与えず飢え死にするのを待っていた。ところが、母韋提希夫人《いだいけぶにん》が麦粉とバターを練った物を、自分のからだに塗りつけ、水も隠し持って面会に行く。だから、父王は牢獄で生きている。それがばれて、阿闍世は怒り狂い、母をも刀で殺そうとします。そばにいた医師の耆婆《ぎば》が、「世に父を殺した王はいるが、母を殺したということは聞いたことがない」といって止めます。

　父王が亡くなり、その死を見届けた途端、阿闍世は罪の意識に苦しみはじめる。からだ中に、吹きでものが出て伊蘭林《いらんりん》（悪臭がある毒草林）のようにくさい。一度そのにおいを嗅いだだけで、狂い死にするといわれるくらいすごいにおいなのです。阿闍世は、父親殺しを後悔し、

「私は伊蘭子《いらんし》だ。無根だ。私の病いは医者も治せぬ心の病いだ。地獄に堕ちる」

と、恐れおののく。耆婆《ぎば》は「闡提《せんだい》の病を治すのはお釈迦さましかいない」とすすめるが、阿闍世は迷っている。

　このようすを知ったお釈迦さまは、今まさに涅槃《ねはん》（この場合は「釈迦の死」を意味する）に入ろうとしていたのをやめて、

「われ阿闍世を救わねば涅槃に入らず」

と、娑婆《しゃば》に留《とど》まります。お釈迦さまは、やや奇跡的ですが「月愛三昧《がつあいさんまい》」に入り、阿闍世のからだに光を浴びせかける。そうすると、阿闍世の吹きでものは消えます。阿闍

世はお釈迦さまの所へ行く決心をして、

「舟に乗って行く途中で死んだ王や、地を歩いていて地獄に堕ちた僧の話を聞いたことがある。耆婆《ぎば》よおまえは信心があるから、象に私と一緒に乗ってお釈迦さまの元へ連れて行ってくれ」

と頼むのですね。

　お釈迦さまの元へやって来た阿闍世《あじゃせ》に、お釈迦さまは懇々《こんこん》と説法をします。お釈迦さまの阿闍世を思う心が阿闍世に通じ、仏を信じる心が芽生えてきます。阿闍世は、

「悪臭の伊蘭子《いらんし》が、栴檀《せんだん》（香木）の芳香に変わった。この悪人の自分が救われた。私に『無根《むこん》の信《しん》』が生じました」

と、お釈迦さまにいいます。さらに、

「自分は、地獄に堕ちてもいいから、どうか他の人を救ってほしい」

と、お願いするまでになった。そして阿闍世自らも、苦しむ人々を救いたいと思うようになったのです。お釈迦さまは、

「やっと気づいたか。阿闍世よ待ち望んでいたぞよ。もう歎かなくてもいいぞ。よいかな、よいかな」

こういって喜ばれました。

親鸞聖人は、一闡提でも救われるということを、阿闍世の物語を『教行信証』「行巻」「信巻」で多く引用し、解釈されています。「観経意《かんぎょうのこころ》」の和讃にも取り上げられています。

「梅檀《せんだん》」と言うは、衆生の念仏の心に喩《たと》う。（『教行信証』「行巻」聖典一七一頁）

父殺しの罪を慚愧《ざんき》した阿闍世は、阿弥陀仏の本願念仏によって救われたのですね。阿弥陀仏になるための法蔵菩薩の長い長い修業は、芽の出ない無根が目当てだった。阿闍世が目当てだった。

大悲倦《ものう》きことなく、常に我《われ》を照したまう、（大悲無倦常照我《だいひむけんじょうしょうが》）

（「正信偈」聖典二〇七頁）

大悲は休息《くそく》することなく、倦《あ》くことなく私たちを照らし見守っている。これを「大《だい》悲闡提《ひせんだい》」といいます。

私は、次の二首の和讃を味わって読み返します。

弥陀成仏《みだじょうぶつ》のこのかたは　いまに十劫《じっこう》をへたまえり
法身《ほっしん》の光輪《こうりん》きわもなく　世《せ》の盲冥《もうみょう》をてらすなり
（『浄土和讃』聖典四七九頁）

弥陀成仏《みだじょうぶつ》のこのかたは　いまに十劫《じっこう》とときたれど
塵点久遠劫《じんでんくおんごう》よりも　ひさしき仏《ぶつ》とみえたまう
（『浄土和讃』聖典四八三頁）

親鸞聖人が、「いまに十劫をへたまえり」といわれた和讃を、「いまに十劫とときたれど、塵点久遠劫よりも、久しき仏とみえたまう」と書き換えられた気持ち、十劫どころじゃない、人類が生まれる前からの、仏の大悲のありがたさ、重さを感じられたのですね。

私の口から出る南無阿弥陀仏は、如来の南無阿弥陀仏の一念です。人間を、みんな仏にせずにはおかないという摂取不捨《せっしゅふしゃ》の一念です。如来の一念帰命《きみょう》でありますから、他力回向《たりきえこう》の信「大信心《だいしんじん》」といわれます。今ここに生きてまします信、毎日毎日が仏の一念なのです。善導大師《ぜんどうだいし》は、南無阿弥陀仏の一声を一刹那《せつな》「弾指《だんし》の間」、指で弦をピューンとはじく時間といわれた。それを、六〇分の一秒とか、七五分の一秒と計算した人もいるんですよ。現代のオリンピックの時計みたいにね。

如来の一念は、「念仏を称えなさい、称えると極楽へ行けるぞ」と、上から教えるような、そんなちっぽけなものではない。如来の一声の中に、塵点久遠劫《じんでんくおんごう》の仏が生きている。それを親鸞聖人がご自身の身にずっしりとうなずくことができた時に、腹の底から涌《わ》き上がってきたのが、『歎異抄』にある言葉だったのです。

いずれの行もおよびがたき身なれば、とても地獄は一定《いちじょう》すみかぞかし。

(『歎異抄』聖典六二七頁)

続いて、「後序」の親鸞聖人のつねのおおせです。

弥陀《みだ》の五劫思惟《ごこうしゆい》の願《がん》をよくよく案ずれば、ひとえに親鸞一人《しんらんいちにん》がためなりけり。

(『歎異抄』聖典六四〇頁)

このような言葉は、親鸞聖人自身の「一闡提《いっせんだい》の自覚」です。私の煩悩の歴史は、罪《ざい》

業《ごう》の歴史であった。この私の罪業によりそってくださった、大悲のありがたさが、

弥陀《みだ》成仏《じょうぶつ》のこのかたは　いまに十劫《じっこう》とときたれど
塵点久遠劫《じんでんくおんごう》よりも　ひさしき仏《ぶつ》とみえたまう
（『浄土和讃』聖典四八三頁）

という和讃となって表現されたのだと思います。

十三、阿・吽の人生

南無阿弥陀仏は、ただ称えるだけでなく、如来の声を疑いなく信じて、如来をほめたたえることが大事です。「煩悩具足の人間を、仏にせずにはおかない」という如来の願い（声）に、こちらも応《こた》えて生きることで、本願が成就するのです。

人生を、よく「阿《あ》・吽《うん》」の人生といいますが、「阿」はどこまでも否定であります。『仏教大辞典』を引きますと「阿」は修行のはじまりとある。修行のはじまりは、自己を否定する。自分の中にあるさまざまな煩悩に出遇うことによって、本当の自分とは何かをたずねていく。念仏もうすのは、本当の自分をたずねていくのです。故に「阿」は自己否定で、反逆者の目覚めです。探し求め探し求めて、反逆的自己に出遇うのです。「吽」は、本願を疑いなく信ずるという本願肯定です。

南無阿弥陀仏は、いつでもどこでも、どんな環境にあろうと称えられるという平等性があります。そして、比較のない「無対光」に遇う。孫が「おじいちゃん」と呼ぶと「オレはじいちゃんじゃないぞ」とはいわないでしょう。おじいちゃんは「おうおう、そうじゃのう」と無位（位の無い人）になる。子が「お父さん」といえば、「オレはお父さんらしくないが、息子が呼んでくれるなら、いいお父さんになろう」と思う。祖父として、父としての役割を持つ自在者になる。

法蔵菩薩《ほうぞう》の本願は、そのような自在人（仏のように、とらわれのない人）になってほしいと思ったのですね。法蔵菩薩は、一人の人間、比丘《びく》（出家者）ですから、人間誰しも共通して求める世界を考えたのですね。そして、世自在王仏《せじざいおうぶつ》の所へ行って教えを請い、人間の根源的願いに気づき、本願を建立しました。

親鸞聖人は、比叡山で二十年間修行を続けましたが、種々の悩みや疑問が深まります。親鸞聖人も法蔵菩薩のように、法然《ほうねん》上人のもとに通い続けました。降る日も照る日も百日通い続けたと、『恵信尼《えしんに》消息』（親鸞聖人の妻の手紙）に書かれています。親鸞聖人は、法然上人の教えにより、『無量寿経』の四十八願、そして第十八願に出遇いました。

人間は何の選択肢もないまま、呱呱《ここ》の声を上げて迷い迷い生きてきた。だが「何かむなしいなあ」と思う。この人間が迷い続けた歴史、人間が作りと作る悪業煩悩《あくごうぼんのう》の歴史の中で、どんな人間も平等に救済する南無阿弥陀仏が打ち出されていったのです。

妙好人《みょうこうにん》といわれた、浅原才市《あさはらさいち》の詩があります。

ぶっとんは（仏恩）は
田の中人中はたけ中
いつでもぶっとん
なむあみだぶつ

いつでも、どこでも人間の呼吸の中に、南無阿弥陀仏が称えられる。そうでないと、本願が理論的なものになる。ハーハーと口をついて出る溜息《ためいき》の中に、法蔵菩薩は可能性を感じたのですね。人間の煩悩は死ぬまで続きますが、念仏に遇うと、たとえ他人に腹が立っても「昔のオレもそうだった」と腹立ちが打ち消されていく。腹立ちと念仏が一緒になる瞬間を、「即得往生《そくとくおうじょう》」といいます。

「一念」は、これ信楽開発《しんぎょうかいほつ》の時剋《じこく》の極促《ごくそく》を顕《あらわ》し、

（『教行信証』「信巻」聖典二三九頁）

という言葉もありますが、即の時、信心が開かれる瞬間をいうのです。「このやろう」と思った時、南無阿弥陀仏が入ってきてブレーキがかかり、調和がとれて止まるのです。止滅《しめつ》するともいわれます。

たとい大千世界に　　みてらん火をもすぎゆきて
仏の御名《みな》をきくひとは　　ながく不退《ふたい》にかなうなり（『浄土和讃』聖典四八一頁）

瞋恚《しんに》（いかり）の炎《ほむら》が燃えさかる中に、念仏が生きてくる、つまり「即得往生」がある。今までの自分は、どうにもならなかった「よし、雑行《ぞうぎょう》を捨て本願に帰す」と、思い立つ心の起こる時が「即得往生」なのです。それが、『歎異抄』第一章には、

弥陀の誓願不思議《せいがんふしぎ》にたすけられまいらせて、往生をばとぐるなりと信じて念仏も

うさんとおもいたつこころのおこるとき、すなわち摂取不捨《せっしゅふしゃ》の利益《りやく》にあずけしめたまうなり。

（聖典六二六頁）

といわれています。

ところが「一度《ひとた》びの回心《えしん》」が、何か月かたつとだんだん慣れて忘れてしまう。四十年以上前、私も『歎異抄』を読んで感動し夜も眠れなかった。今までと異なったような、疲れも知らないような、手を見れば手に、足を見れば足の裏にまで「遇斯光」（阿弥陀の光明）がという感じでした。本願の呼び声にひたるような思いをした時代もありました。それが、だんだんマンネリ化して「おろそかにそうろう」です。如来さまは怠けていないのに、こちらは怠け続ける。だからこそ、蓮如上人は、

ねてもさめても、いのちのあらんかぎりは、称名念仏すべきものなり。

（『御文』聖典八三三頁）

といわれます。念仏もうす時に「なんとまあ」と反逆的自己に呼びかけられるのです。

ずいぶん以前に亡くなった、ご門徒のおばあちゃんを思い出します。最期は息子のお嫁さんとの二人暮しになったのですが、こんなに仲のよい嫁姑はいないといわれるくらい、お念仏を喜ぶ二人だったのです。ところが、おばあちゃんが大変な事故に遭いまして、寝ついてしまいました。一人では何もできない状態ですが、念仏しながら臥していました。

ある日、月命日のお経が終わると、おばあちゃんがポロリとこぼしました。

「ご院家さん、私はよほど業《ごう》が深いんでしょうね。こうして身体が動かなくなると、あれだけ念仏もうしてきたのにと仏さまを恨《うら》みます。嫁を憎みます。こんなはずじゃなかった。今の私は地獄の生き方をしています」

倒れた直後は、「お母さん、早くよくなってね」といっていたお嫁さんが、介護の疲れから扱いがぞんざいになってきてしまったのです。そしてよく怒られるようになってしまいました。

私の善知識ともいうべき、お育ていただいたおばあちゃんです。〇〇同行と呼ばれるほどの方ですから、相当の覚悟は持っているでしょう。私は「そうじゃなあ、そうじゃなあ」と聞くばかりでした。

倒れて一年半も過ぎ、いよいよ身体が衰えたのに、おばあちゃんが、明るい声でいうのです。

「ご院家さん、私の念仏はつごうのいい念仏で、真《まこと》に本願を信じていなかったのですね。法蔵菩薩の兆載《ちょうさい》永劫《ようごう》（表現できないような長い時間）のご苦労に比べれば、私の嘆きは嫁と二人の小さな苦労です」

この言葉に、私は胸がいっぱいになって、帰り際にお嫁さんに話しました。

「あなたも仏仕えと思って一生懸命看病してくれているけど、長引いて苦労が多いなあ。でもね、おばあちゃんは一生懸命お念仏しながらあなたに感謝しているよ。辛かろうが、この地獄と思う実相をしっかり見つめてほしい。人間は、みんな煩悩具足という鬼です。鬼だからこそ仏になれます。おばあちゃんは、間もなく仏さまになるよ。どうぞ、念仏もうしながら尽くしてあげてね」

お嫁さんは「うん」というようにうなずきました。「阿・吽」の「吽」ですね。

おばあちゃんの葬儀の後、お嫁さんが語ってくれました。

「ご院家さん、ほんとに私は鬼でした。この鬼に、仏の道を歩ませようとしてくださったのは、おばあちゃんでした。ありがとうございます」


自分の実体を見きわめるのは難しいからこそ、お念仏があります。火宅無常《かたくむじょう》の中、この地獄の中でお念仏に遇うことができます。どうにもならぬ人間に、南無阿弥陀仏が届く、この出遇いこそが人間の煩悩成就《ぼんのうじょうじゅ》です。そして同時に、「人間を仏にせずにはおかぬ」という如来の本願が成就（達成）するのであります。

十四、往生と成仏

『歎異抄』第九章に、

いまだうまれざる安養《あんにょう》の浄土《じょうど》はこいしからずそうろうこと、まことに、よくよく煩悩の興盛《こうじょう》にそうろうにこそ。なごりおしくおもえども、娑婆《しゃば》の縁《えん》つきて、ちからなくしておわるときに、かの土《ど》へはまいるべきなり。（聖典六三〇頁）

とあります。

「力なくしておわるときに」という表現は、おもしろいというか、いい表現ですね。「力なくしておわるときに」を、どう捉えるのか、「かの土へはまいるべきなり」をどう捉えるのかが大事な点です。

親鸞聖人は、「往生」と「成仏」この二つの捉え方を、はっきりいわれています。

江戸教学では、死んでから往生するという考え方が多かったようです。

私たちが、日常使う言葉で「今日は車が渋滞して往生した」といいます。それは「困りました」ということですね。ところが、往生とはまったく困らないことです。安立《あんりゅう》の世界「安心立命《あんじんりゅうみょう》」（立命《りつめい》とも読みます）の世界です。『無量寿経』に、「各各《かくかく》安立《あんりゅう》」（聖典四三頁）と出てきます。

各々が「生きていてよかったなあ、尊い命をいただいたなあ」と思えるところに立つことができた。立つというのは「いただき」です。頂上に立つことができた、これでよかったなあと喜べる所に立つことです。

私たちは、知人と別れる時に「お大事に」といいます。「生きていてよかったね」と、お互いに後生の一大事に気づかされ、成仏への道を歩もうと思います。

『歎異抄』第一章には、

弥陀の誓願不思議《せいがんふしぎ》にたすけられまいらせて、往生をばとぐるなりと信じて念仏もうさんとおもいたつこころのおこるとき、すなわち摂取不捨《せっしゅふしゃ》の利益《りやく》にあずけしめたまうなり。弥陀の本願には老少善悪《ろうしょうぜんあく》のひとをえらばれず。ただ信心を要《よう》とすとしるべし。

（聖典六二六頁）

とあります。

阿弥陀仏の本願を信じて念仏もうすと思い立つ、その時正定聚不退《しょうじょうじゅふたい》の位《くらい》に定まるといわれます。阿弥陀仏に救われ、必ず仏になれる身が決まったということです。これが往生です。現生《げんしょう》正定聚といいますから、往生は今で、成仏は先のことです。「力なくしておわるときに、かの土へはまいるべきなり」が成仏ということです。今、往生が決定しない限り、成仏はないのです。

ありがたいのは、人間に力（煩悩）があるかぎり、如来さまがご用があります。力がなくなったら、ご用はございません。諸仏となって一緒に第十七願になりましょうといわれます。第十七願は、「諸仏称名の願」で、第十八願の一心が決まると、諸仏になることが証明される。諸仏がお互いにほめたたえる。親鸞聖人は、「諸仏称揚《しょうよう》の願」ともいわれますが、いいお言葉ですね。

みなさん方のご先祖が、「年をとると、腹立ちや欲がだんだんなくなって、残ったのはやっぱりお念仏でした」といって亡くなっていかれました。これが、第十七願の諸仏称讃のご利益《りやく》です。親鸞聖人は、お念仏のご利益として「現生十益《げんしょうじゅうやく》」をあげられ、その中の一つが「諸仏称讃の益」（『教行信証』「信巻」聖典二四一頁）です。

南無阿弥陀仏は、底下《ていげ》の凡夫《ぼんぶ》（凡愚《ぼんぐ》）にご用がある。つまり泥凡夫《どろぼんぶ》の往生、泥凡夫の成仏をいわんとしているのです。煩悩具足の凡夫であればこそ、平成業成《へいぜいごうじょう》（日常の信心）が成り立つと、逆説的言い方もできますね。

親鸞聖人は、法然上人の教えにより、このような私でも仏になれるのだという、第十八願に出遇いました。「本願を信じ念仏もうせば仏になる」を、二十九歳から九十歳まで、末通《すえとお》って信じていかれた。そのような経緯があるから、『歎異抄』第九章冒頭の唯円《ゆいえん》との間の、あのような会話が成り立つのだと思います。

親鸞《しんらん》もこの不審《ふしん》ありつるに、唯円房《ゆいえんぼう》おなじこころにてありけり。

本願に生きるとは、如来さまのお心に、身を投げ出して信じていく姿なのでしょう。

（聖典六二九頁）

『歎異抄』の第九章では、

いまだうまれざる安養《あんにょう》の浄土《じょうど》はこいしからずそうろうこと、

（聖典六三〇頁）

といわれます。

私はこれまでに、四百人をこえる人をお見送りしましたが、「ご院家さん、浄土はいい所ですよ」と、一人もいってきません。あるいは、「思いのほか違っていた、さっぱりです」という人もいない。沈黙は金、文句のない世界です。

ただ、しかし聞こえてきますよ。

「やっぱり、念仏もうさねばなあ」

と、そして姿が見えてきますね。その姿は、みんな第十八願から、第十七願にかえっていって、仏さまになっています。人と人との出遇いは、どんな人にもダルマ（法）があるということです。

「正信偈」に、

よく有無《うむ》の見を摧破《ざいは》せん。

（聖典二〇五頁）

とあります。ここにいわれる「有無の見」というのは、物事を有るとか無いとか、良いとか悪いとか、一方的に決めてしまう見方です。わかりやすく、私自身の経験でお話しします。

夜、寝ようと床に入ると、近くの犬が吠える。犬は吠えるものだとわかっています。明朝、早く出かけなければならない。「吠えないようにしてほしい」と腹が立つ。これが邪見ですね。ところが「夜半に泥棒が入ったけれど、犬がほえたので、何も盗られずにすんだ」と聞くと、「えらい犬だなあ」となる。このように、人間には、有無の邪見があります。ごつごう主義なのです。

念仏を通して邪見を打ち破り、自由自在な心になれる。その到達点が、浄土の世界ニルバーナ（ねはん）であります。

十五、心は浄土に遊ぶなり

ています。

親鸞聖人の『教行信証《きょうぎょうしんしょう》』「証巻《しょうかん》」に、曇鸞《どんらん》大師の『浄土論註《じょうどろんちゅう》』の一節が引かれ

これいかんぞ不思議なるや。凡夫人《ぼんぶにん》の煩悩成就《ぼんのうじょうじゅ》せるありて、またかの浄土に生まるることを得れば、三界《さんがい》の繫業畢竟《けごうひっきょう》じて牽《ひ》かず。すなわちこれ煩悩を断ぜずして涅槃分《ねはんぶん》を得《う》、

（聖典二八三頁）

『浄土論註』は、天親《てんじん》菩薩の『浄土論《じょうどろん》』を曇鸞大師が註釈したものですが、曇鸞大師によってはじめて煩悩成就という言葉が出てきます。煩悩即菩提《ぼんのうそくぼだい》（煩悩がそのままさとり）をいわんとしているのでしょうが、「三界の繫業畢竟《けごうひっきょう》じて牽《ひ》かず」の繫は、つながれている煩悩をさします。人間には、あらゆる煩悩がそなわっていて離れない。

ですから、如来がかねてしろしめして（お知りになっていて）、煩悩具足の凡夫よと呼びかけられます。在家に止《とど》まる凡夫は、第十八願の心を信じて念仏もうすしか、煩悩を打ち破ることはできませんよと。

「あの人は凡夫だからあんな悪いことをするのだ」とかいうような、他人の問題ではありません。あるいは、「どうせ私は凡夫ですから」と、自己弁護に用います。どこまでいっても、私一人《いちにん》の問題として、引き受ける。煩悩具足の凡夫と自覚すれば、なるほどと本願の心をいただくことができて、「煩悩成就せり」ということですね。

親鸞聖人のお言葉でいただいてみましょう。

いずれの行もおよびがたき身なれば、とても地獄は一定《いちじょう》すみかぞかし。

（『歎異抄』第二章、聖典六二七頁）

弥陀の五劫思惟《ごこうしゆい》の願をよくよく案ずれば、ひとえに親鸞一人《しんらんいちにん》がためなりけり。

（『歎異抄』後序、聖典六四〇頁）

私たちは、いろいろな業《ごう》にひっかかって、どうにもならないことが起こりますが、それを自己が受けていけるとなれば、覚ったも同然です。「非有無《ひうむ》」になれます。南無阿弥陀仏の浄土が開かれてゆく、「非有無」は、有るとか無いとか、良いとか悪いとかという人間の思いをこえた仏土です。親鸞聖人は、「非有無」の真の仏土を「無《む》量光明土《りょうこうみょうど》」と名づけられました。

謹《つつし》んで真仏土《しんぶつど》を案《あん》ずれば、仏はすなわちこれ不可思議光如来《ふかしぎこうにょらい》なり、土はまたこれ無量光明土《むりょうこうみょうど》なり。しかればすなわち大悲《だいひ》の誓願《せいがん》に酬報《しゅうほう》するがゆえに、真の報《ほう》仏土《ぶつど》と曰《い》うなり。すでにして願《がん》います、すなわち光明《こうみょう》・寿命《じゅみょう》の願これなり。

（『教行信証』「真仏土巻」聖典三〇〇頁）

不可思議光如来は、阿弥陀仏のことです。無量光明は、「正信偈」にあるように十二の光を持っている。この光は、どこまでもくまなく、限りなく私を照らし、気がつけば全部に光がある。私自身を見出させる、自己を覚らしめる自覚の光です。煩悩成就するまで、照らし続けるのです。

親鸞聖人は、大悲の誓願に酬報する、つまり第十八願の心に応ずる南無阿弥陀仏の浄土を、報土（報仏土）と名づけました。南無阿弥陀仏そのままが、無量光・無量寿といわれます。

今朝、お朝事で和讃を上げましたら、たまたま『高僧和讃』で法然《ほうねん》上人（源空《げんくう》）のところでした。終わったら「法然上人は、三回も往生したんですね」と、坊守《ぼうもり》が質問しました。法然上人ご自身が、親鸞聖人に話しておられます。

命終《みょうじゅう》その期《ご》ちかづきて　本師源空《ほんじげんくう》のたまわく
往生みたびになりぬるに　このたびことにとげやすし
源空みずからのたまわく　霊山会上《りょうぜんえじょう》にありしとき
声聞僧《しょうもんぞう》にまじわりて　頭陀《ずだ》を行《ぎょう》じて化度《けど》せしむ　（聖典四九九頁）

「わたしは、インドの霊鷲山《りょうじゅせん》（お釈迦さまが法を説いた所）へいってのう。声聞僧（教えを聞く修行僧）と一緒に頭陀行（煩悩を払うための修行）をしてのう。インドや中国で修行のし続けじゃった。そして、日本の吉水《よしみず》で多くの人と出遇った。本当は、久遠劫《くおんごう》、昔々その昔からわたしの念仏の歴史はあったということじゃ」

「インドや中国へいって修行した」というのは、インドや中国のあらゆる経典を学び続けたということ。それは、法然上人も流転せる菩薩だったということですね。法然上人は、生まれ変わり死に変わり、もう生まれ変わることはないぞということを、「往生みたびになりぬるに　このたびことにとげやすし」と表現されたのです。如来の本願に出遇ったことの重さと喜びを、親鸞聖人に語るお心が伝わってきます。

親鸞聖人は、法然上人というよき人を得て、第十八願に出遇えた。法然上人は、親鸞聖人というよき法友に遇って「もう、これでよい」となった。法然上人は、あの平安末期から鎌倉時代の乱世の中で、在家に止まる衆生に「念仏しかないぞ、念仏しかないぞ」と説かれました。そうして、親鸞聖人のみならず多くの人々に念仏を授《さず》け、「もうこれでよい」と涅槃に住していかれました。そういうことを、あの和讃を通していただくことができます。

如来の大悲は、長い長い世を超えた悲願です。親鸞聖人の和讃があります。

超世《ちょうせ》の悲願ききしより　われら生死《しょうじ》の凡夫かは
有漏《うろ》の穢身《えしん》はかわらねど　こころは浄土に遊ぶなり
（帖外和讃）

すばらしい御和讃ですね。つまり、往生するとは、穢《けが》れた身は変わらないが、心は浄土に遊ぶことができることなのです。先程からお話しましたように、現生《げんしょう》に往生し、娑婆《しゃば》の縁つきて力なくして終わる時が成仏です。

仏になったらどうなるか。すべて、法におさまります。

それ衆生《しゅじょう》ありてかの国に生《しょう》ずれば、みなことごとく正定《しょうじょう》の聚《じゅ》に住す。所以《ゆえ》は何《いか》ん。かの仏国の中には、もろもろの邪聚《じゃじゅ》および不定聚《ふじょうじゅ》なければなり。
（『無量寿経』聖典四四頁）

浄土には、邪聚も不定聚もありません。邪聚とは、念仏までいかず、倫理、道徳、善悪の世界。あちらへいったり、こちらへいったり、心がふらふらしている。

不定聚とは、念仏はするが、他力の信心に目覚めていない。

正定の聚に住すとは、金剛石のように砕けない信心、金剛不壊心《こんごうふえしん》といいます。正定聚の位に住する人は、往生が固い人ですから、心は浄土に遊べる人です。言葉を変えると「法を灯《ともしび》として生きる人」ですね。お釈迦さまが最後に、遺言としていわれました。

法を灯《ともしび》とせよ
自らを灯とせよ

このお言葉を、真宗的に考えてみたいと思います。

法を灯とせよ　＝阿弥陀の本願を深く信じて生きる。「法の深信《じんしん》」といいます。
　「本願成就」ですから、法におさまるといえます。
自らを灯とせよ＝法に照らされて、我が身の問題に出遇う。人間には機（人間の素質・能力）の力があるから、本願を深く信じ報恩感謝できる。
　「機の深信」といいます。「煩悩成就」の身となる。成仏したら、第十七願の諸仏になります。

みなさん方のご先祖も、法然上人のように生まれ変わり死に変わり、流転しながら、仏になる道を示されました。いろいろあったが、こんな穢身でも浄土に遊ぶことができるのだと、教えてくださっています。そのご先祖の浄土が、我が身に生きているのを感じて、「仏さまだなあ」と手が合わされる。これが念仏相続、伝承です。

念仏は、私たちがこの苦しみ多い娑婆を歩いていくための、力強い一呼吸一呼吸です。

十六、如来と私の共同作業

勧修寺《かじゅうじ》の道徳《どうとく》、明応《めいおう》二年正月一日に御前へまいりたるに、蓮如《れんにょ》上人、おおせられそうろう。「道徳はいくつになるぞ。道徳、念仏もうさるべし。」（聖典八五四頁）

これは、『蓮如上人御一代記聞書《ごいちだいききがき》』の一番先に出てきます。「年はいくつになるのか」の次の言葉が大事になります。「念仏もうさるべし」という中に、異なった捉え方がある。

「念仏もうせ」とか「念仏する」というのは、「念仏もうさるべし」とはまったく反対の意味になります。「念仏せよ」「念仏する」というのは自力《じりき》だから、蓮如上人は、大声で称《とな》えたり、数多く称えるだけではだめだとおっしゃっています。

「わたしゃ他の人よりたくさん称えたから、私のほうが上ぞ」

「わたしゃ大声で称えるから、小さい声のあんたより上ぞ」

どこまでいっても、自分を善《よ》しとしようとする自力がある。

念仏そのものには自力他力《じりきたりき》はありませんよ。念仏そのものには無いが、称える自分が自力になっている。念仏にはなぜ、自力他力がないかというと、念仏は仏さまのみ名《な》、「無碍光《むげこう》如来の名《みな》を称するなり」(『教行信証』「行巻」聖典一五七頁)です。

南無阿弥陀仏は大行《だいぎょう》である。それを学者は所行《しょぎょう》といいます。所行というのは、私の持ち物ではない向こうのほう、本願念仏で阿弥陀如来の持つものです。

信心というのは、衆生《しゅじょう》の修するものですから、どちらかというと自分の能力という力でいこうとするから、ともすれば信心が私ごとになりやすいですね。ここは気をつけなければいけない問題点です。

それならば、自力でない念仏とは何か、如来さまの大道《だいどう》を通した「本願念仏《ほんがんねんぶつ》」です。おもしろいことに、こんな歌があるのですよ。

なむあみだ仏《ほとけ》のみ名をそのままに己《おの》が口より聞（称）くぞうれしき

そのままにというのは「何のようもなく」ただひとすじに、あるいは一心にです。ああでもないこうでもない、たすけてくださいではありません。真宗では唱えるを使わない、唱えるでなく称《とな》える、仏のみ名をほめたたえる「称名念仏《しょうみょうねんぶつ》」ですからね。「御本願」をほめ称《たた》えるですから、「己が口より聞くぞうれしき」と、表現がころっと変わってしまった。己《おのれ》が口より出すのではない、いや口から称えておりながら如来の御本願のいわれを聞く、ここが大事です。

ですから「聞其名号《もんごみょうごう》」名を聞く、名を称えるではないのです。「念仏もうさるべし」は敬語ですね。なぜ尊敬か「御本願」ですから。それをあえて難しくいうなら、如来さまの願力、第十八願の「至心信楽《ししんしんぎょう》　欲生我国《よくしょうがこく》」どうぞ我が国に生まれてほしいなあという願いがある。どうぞ浄土に生まれてほしい。でなければ、私は仏になれませんよという願いですね。「念仏もうさるべし」という中に、如来の願いを聞くことができます。

南無阿弥陀仏は所行ですから、誰が称えようが何処《どこ》でいつ称えようが、南無阿弥陀仏にかわりはない。これを自己本位に利用する、自力《じりき》で弄《もてあそ》ぶ。それを蓮如上人は「せせりごと」といわれた。せせりごとのことを、雑行雑修《ぞうぎょうざっしゅ》という。

「あの人がいいといったからやってみようか、やってみたけどだめだったからやめようか」そういうね、往々にして能修《のうしゅう》（能信）というものは、自己のつごうのいいものになりやすい。ですからどこまでいっても、この能信は、御本願を通した信でなければならない。

　康元《こうげん》二《に》歳《さい》丁巳《ひのとのみ》二《に》月《がつ》九日《ここぬか》夜《のよ》寅時《とらのとき》夢《ゆめに》告《つげて》云《いわく》

弥陀《みだ》の本願信ずべし　本願信ずるひとはみな

摂取不捨《せっしゅふしゃ》の利益《りやく》にて　無上覚《むじょうかく》をばさとるなり　（『正像末和讃』聖典五〇〇頁）

「べし」という捉え方は、どこまでいっても他力なんです。夢の告げの時は、親鸞ではなく善信《ぜんしん》といわれます。善信作と書いてある。六角堂二十九歳の告げが八十五歳まで、どこまでいっても「弥陀の本願信ずべし」なんです。

親鸞聖人は、二十九歳から八十五歳まで末通《すえとお》って五十六年間ずーっと、阿弥陀さまの願を〝まさにしかり〟これしかないと貫かれた。蓮如上人の「念仏もうさるべし」も、他人にいっているのではなく自己に対し、本願を信じ念仏もうす、この道しかない。よし！　私はこの真宗の親鸞聖人の教えを受けついでいくぞという、蓮如上人の「決意表明」なのです。そして、五劫思惟《ごこうしゆい》あるいは兆載永劫《ちょうさいようごう》の阿弥陀さまの呼び声、清浄《しょうじょう》の心も真実の心もない私たちが、阿弥陀の呼び声に帰命《きみょう》しようではないかと。

「帰命《きみょう》」は本願招喚《しょうかん》の勅命なり。（『教行信証』「行巻」聖典一七七頁）

蓮如上人は、

「道徳よ、自力ではなく他力の念仏を、そして阿弥陀さまの大悲を報ずる念仏を、共々もうしていこうではないか」

と正月一日におっしゃったんですね。

蓮如上人の弟子に、道宗《どうしゅう》という妙好人《みょうこうにん》がいます。現在の富山県の山奥、赤尾谷の出身なので赤尾の道宗と呼ばれました。蓮如上人が、同じ富山県井波《いなみ》の瑞泉寺《ずいせんじ》におられた時、道宗は毎朝暗いうちから起きて、三十キロメートル以上の険しい山道を越えて、晨朝《じんじょう》（朝のおつとめ）に通ったと伝えられています。「チーン、チーン帰命無量寿如来」の調声に遇いたい一心だったのです。

ある正月元日の朝、大変な大雪でどうにもならず、道宗は遅刻した。同行の人々は、「さすがの道宗も、今朝は来られないだろう」といいます。ところが、蓮如上人は偉い方ですね。「もう来るだろう、必ず来る」と、縁側に出て、雪のかなたを見続けていました。すると、一つの黒い点が、

「道宗が来たぞ、それ鐘を打て！　太鼓も打て！」

ドン、ガーン、ドン、ガーン、みな共々喜んでお勤めをしました。今でも、瑞泉寺では、元旦の朝は太鼓と鐘の同時打ちが伝統になっているそうです。四日市東別院にも、太鼓楼《ろう》がありますね。昔は太鼓を打って、次に大鐘、そして喚鐘《かんしょう》が鳴り、朝のお勤めが始められていたのです。

道宗は、毎晩割木を四十八本（四十八願）敷いて、念仏を称えながら寝るので、身体中傷だらけです。それを見たある同行が、「道宗のは自力ではないか」といいました。それに道宗は答えます。

「自力は何もない。私のようなものは、布団でぬくぬく寝ると、法蔵菩薩のご苦労を忘れる。如来にお育ていただいたありがたさに、命のあらんかぎり念仏もうすばかりです」

道宗が本願に出遇った喜び、感動の姿なのですね。

蓮如上人が「黄金《こがね》を掘り出す本」といわれた『安心決定鈔《あんじんけつじょうしょう》』という書物がありま す。その中に、唐朝の傅大士《ふだいじ》が次のようにいわれていますが、いい言葉ですね。

あさなあさな、仏とともにおき、ゆうなゆうな、仏をいだきてふす

（聖典九五三頁）

道宗も、このような喜びの日暮しだったのでしょう。

いずれ、私たちは死にます。これだけは間違いない。蓮如上人のお言葉ならどうで

すか。

されば朝《あした》には紅顔《こうがん》ありて夕《ゆう》べには白骨《はっこつ》となれる身なり。（『御文』聖典八四二頁）

いやな言葉だと思いますが、白骨一片一片、灰の一粒《ひとつぶ》一粒に南無阿弥陀仏が生きてくださった。南無阿弥陀仏の骨・灰でありますよ。

親鸞聖人は、『歎異抄』でいっておられます。

天におどり地におどるほどによろこぶべきことを、よろこばぬにて、いよいよ往生は一定《じょう》とおもいたまうべきなり。よろこぶべきこころをおさえて、よろこばせざるは、煩悩の所為《しょい》なり。しかるに仏かねてしろしめして、煩悩具足の凡夫とおおせられたることなれば、他力の悲願は、かくのごときのわれらがためなりけりとしられて、いよいよたのもしくおぼゆるなり。（聖典六二九頁）

私の寺のある門徒さんが病気になって、別院の報恩講の前にどんどん病状が進んでしまったのです。ちょっとお話がありますとのことでしたので、病院へ出かけていきました。もうやせこけてねえ。

「どうかい」

「ご飯が食べられん」

「好きなお酒はいけるかい」

「飲めんで、でもちっと飲む」

「そうかい、はよ良くなって大いに飲もうえ」

「ところでご院家さん、念仏に生かされて聞法もしてきたけど、いよいよここを去るのはつらいなあ」

「ようもいってくれたなあ。あんただけじゃ、私にそんなことをいってくれるのは。親鸞聖人も〝なごりおしくそうらえども〟とおっしゃってるよ。私もそう思うよ」

「何か一筆」

「そうかい」


別院のお取り越しが終わったので、また訪ねました。

散るときが浮かむ時なる蓮《はちす》かな「即得往生《そくとくおうじょう》」　句佛《くぶつ》

散る時、いよいよこの世を去っていく時は、もう一歩ステップ、浄土がある。これは見えない。恋しくもない。それでも、阿弥陀さまが必ずそこに連れていくとおっしゃるなら、おまかせするしかない。散る時に、蓮華蔵《れんげぞう》の世界に浮かんでいくなら、人間技《わざ》ではありません。如来さまが連れていかずにおれん、「欲生我国《よくしょうがこく》」我が国に生まれんと思え、南無阿弥陀仏を称えて、どうぞ浄土に生まれようという心を持ってくれ。そうしたら私は、仏国土を建立《こんりゅう》した意味があるのだということですね。おまかせする以外ないよ。句佛上人の俳句を書いて持っていって、このような話をしました。とても念仏を喜ぶ方でしたからね。

それから転ずるものがあったのか、奥さんといろいろ話をしたようです。

「ところでおまえ、おれとならいつでも死んでくれるといったのう。あれはいつじゃったか……もう五十年もなろうか、あれは本当かや」

とたずねたので大ごとになったんでしょう。

「本当だったんじゃけどが……（死にとうない）」

返事のできない奥さんは、私の所に来て、

「ご院家さん、どう答えたらいいでしょうか。助けてください」

日に日に影の薄くなっていくご主人に、

「一緒にいくか？」

と問われて、奥さんは返事ができない。

「奥さん、わたしにたずねても、それは奥さんの問題だと思うけどね」

「ご院家さんそういわずに、どげかしちょくれ、大ごとじゃ」

大ごとが、〝後生の一大事〟が出てきた。

「わかった、奥さん死んだら、ご主人の所にいく気があるかい」

「そりゃあるわ」

今は一緒の墓に入りたくないという人もいるね、墓が浄土ではないけど……。

「それなら、今から読むから聞いてね」

親鸞聖人の御消息の中に、有阿弥陀仏《うあみだぶつ》という方にあてたお返事があるのです。親鸞聖人は、弟子一人《いちにん》も持たずですから、御同朋御同行《おんどうぼうおんどうぎょう》であったのでしょうね。もうどちらが先にゆくかわからない。

有阿弥陀仏という方へのお返事の終わりに、

この身はいまはとしきわまりてそうらえば、さだめてさきだちて往生しそうらわんずれば、浄土にてかならずかならずまちまいらせそうろうべし。

（『末燈鈔《まっとうしょう》』聖典六〇七頁）

私が先にいくかもしれませんが、お浄土にいったら必ずかならず（二回繰り返している）お待ちもうしていますよ。

「奥さん、死んだらご主人のところへいく気があるのなら、このような話をしたらどうかい」

「はあ、そうしましょう」

ところが、奥さんは、ご主人に私から聞いたとおりにいわなかった。そのほうがよかったかもしれません。

「突然のことで、私は返事ができんじゃったけど、お父ちゃん、あんたはいつもお寺に参って信心も決まったじゃろう。私は、お寺に参ってもろくに法も聞かんじゃった。まだ念仏もよろこべん。もうちょっと時間がかかるから、すまんけどもうちょっと待っちょくれ」

そういってね。

「わたしの念仏はつごうのいい念仏ばかり、あんたと私はちがう、もうしばらくかかるから待っちょって、必ずかならずいくから、あんた」

そしたらご主人が、

「おおそうか、そうだったか、よしよし、ああよかった」

と、喜んだと私に報告した。夫婦の美しさはそこにあります。

蓮如上人は、弥陀の本願を信じ念仏もうす人を、美しき念仏者といわれています。

このご夫婦の話はねえ、ご主人が残していく奥さんに念仏をすすめたのですね。「うちの人はただの男だと思っていたけど、最後まで私を見捨てなかった。何か仏さまのように感じられて、やはり後生の一大事が大事だなあと思いました」

「後生の一大事」とは、今、今ここに念仏を喜ばなくして浄土が開かれるか。

経典の中に〝念仏は大悲を行ずるなり〟とあります。

たとえば、過去の自分は「あの人はだめだと」といってきた。そうではなく「自分も、そうだった」と、悲は批判でなく「同体大悲」同感する。

南無阿弥陀仏は、

〝光明無量《こうみょうむりょう》、寿命無量《じゅみょうむりょう》〟

光明を通して私の姿を明確にしてくれる、身の事実に気づかせてくれる。光につつまれた生活を寿命といいますが、如来の智慧《ちえ》の光を通し、その智慧の大悲の中におさめとられていく。念仏は、その口から出た南無阿弥陀仏を聞くのです。罪悪深重《ざいあくじんじゅう》の凡《ぼん》夫《ぶ》が、本来持っていた南無阿弥陀仏に気づき、その口から、南無阿弥陀仏の呼び声に南無阿弥陀仏と応《こた》えてゆく。こんな私を育ててくれた感謝の念仏が出る。それが如来の本願に相応《そうおう》することなのです。

法蔵菩薩は、私たちの心の奥底にある完全なるものを見落さなかった。キューピットの愛の矢じゃないけどね。ここが法蔵菩薩のすばらしさです。つまり、お釈迦さまの出世《しゅっせ》の本懐《ほんがい》、如来の出世の一大事は、私たちに南無阿弥陀仏を届けることだったのです。親鸞聖人も、『教行信証《きょうぎょうしんしょう》』「教巻」の一番先に書かれています。

> それ、真実の教《きょう》を顕《あらわ》さば、すなわち『大無量寿経《だいむりょうじゅきょう》』これなり。
> この経の大意は、弥陀《みだ》、誓《ちか》いを超発《ちょうほつ》して、広く法蔵を開きて、凡小《ぼんしょう》を哀《あわ》れみて、選びて功徳《くどく》の宝を施《せ》することをいたす。釈迦《しゃか》、世に出興《しゅっこう》して、道教を光闡《こうせん》して、群萌《ぐんもう》を拯《すく》い、恵《めぐ》むに真実の利をもってせんと欲《おぼ》してなり。ここをもって、如来の本願を説きて、経の宗致《しゅうち》とす。すなわち、仏の名号《みょうごう》をもって、経の体《たい》とするなり。（聖典一五二頁）

凡小《ぼんしょう》を哀れみ、一切衆生《いっさいしゅじょう》、煩悩具足《ぼんのうぐそく》の凡夫《ぼんぶ》をあわれんで、なんとかして浄土という完全なる真実の世界へ連れていこうとする。そのためには、あまり難しいことをしても毛嫌いしてついていけず重荷になる。マンマアから出発する、いつでもどこでもだれでも称えやすい。易行《いぎょう》であるが、念仏が出ないから難行《なんぎょう》なのです。たやすくして、往く人すくなしですね。

往《ゆ》き易《やす》くして人なし（易往而無人《いおうにむにん》）

（『無量寿経』聖典五七頁）

なぜ難しいか？　仏の心、第十八願の心に出遇わないから。

蓮如上人は、『御文』で繰り返し述べておられます。

信心獲得《しんじんぎゃくとく》すというは、第十八の願をこころうるなり。この願をこころうるというは、南無阿弥陀仏のすがたをこころうるなり。

（聖典八三四頁）

「南無阿弥陀仏」の六字のすがたは、すなわちわれら一切衆生の、平等にたすかりつるすがたなりとしらるるなり。

（聖典八三七頁）

「南無阿弥陀仏」の六字のすがたは、われらが極楽《ごくらく》に往生すべきすがたをあらわせるなりと、

（聖典八四〇頁）

第十八願の心、その法蔵菩薩の名告《なの》りを「他力の大信心」といいます。どうにもならぬ落伍者の我われの心の奥底に、根源的完全なるものがあると信じてくれた。「我信じる前に汝に南無阿弥陀仏あり」と信じてくれた。誰もが持っている生まれながらの持ち物、これに気づかぬ、忘れている。タンスの引き出しに入れたのなら、あそこへと思うけれど、それさえしていない。私たちの生き方というものが、「忘れられたる南無阿弥陀仏」ですね。なぜ忘れるのか、煩悩が邪魔をしているのです。

私たちの持って生まれた南無阿弥陀仏を呼びさます一つの方法こそ、聞《もん》という世界。今こうしてみなさん方が聞いて、「なるほど」と、マンマンアという自分の持ち物に気づくでしょう。

聞即信《もんそくしん》なり

如来の大信心が私の中にあることを、はじめて信ずる心になるから聞《もん》という。私はね、それを厳しくいうなら、「人間最後の送別会」雑行雑修《ぞうぎょうざっしゅ》の送別会。雑行雑修、自力に生きてきたどうにもならない、迷いに迷い続けた私と決別する、これを聞《もん》という。

どうにもならない私と決別、自己否定ですね。わかってみれば、よし！　煩悩具足《ぼんのうぐそく》の凡夫の身でありながら、如来さまからたまわった白道《びゃくどう》を一歩一歩、念仏と共に歩いていこうと決断する。決別なくして、決断は生まれてこないような気がしますよ。

もう一回いいます。南無阿弥陀仏は、この私の中にあった。如来さまが念仏もうせ、念仏もうせと呼びかけることによって、他力の南無阿弥陀仏がほとばしるのでしょう。如来さまの本願成就《ほんがんじょうじゅ》と、私たちの煩悩成就《ぼんのうじょうじゅ》が一体となる。呼び続けた如来さまの大慈悲に、ああやっと南無阿弥陀仏をもうして応《こた》える。共なる成就、これが完成であります。如来と私の共同作業なんですよ。これを響流《こうる》、響き合う、あるいは呼応《こおう》、呼べば応《こた》える。

これこそね、人間としての、我一人《いちにん》としての存在がある。ここにおまかせの浄土が開かれていくような気がしてなりません。

あとがき

前住職尼子哲也、法名不頴《ふえい》は二〇〇二年急逝し、二〇一〇年に第一の法話集『なごりおしく思えども娑婆の縁つきて』（法藏館）が刊行されました。

自坊では長年、『歎異抄』を中心に同朋会を続けておりました。残された法話テープの中で、不頴が特に伝えたかったと思われる十六編を抜粋してまとめたのが、本書『人はみな仏になる種を持っている』です。多岐にわたる身近な事例をあげながら、熱く元気に話しております。

親鸞聖人の教えを語るその底に、不頴の思いが地下水の一筋となって流れているのを感じます。それは、

◎親鸞聖人の教え（お念仏）が、私たちの先達・ご先祖によって、今に伝えられてきたことのありがたさ。

◎現代の私たちが、親鸞聖人の教えを実生活に生かしながら、同朋と共に心豊かなそして意欲に満ちた力強い日暮しをしたい。
◎私たちが、親鸞聖人の教えを次世代の人々に手渡す（相続する）ことの大事さ。ということではないでしょうか。

不顓は、『歎異抄』においては「第九章」と、「後序」の「親鸞一人がためなりけり」のあたりを、繰り返し味わうことをすすめております。

おこがましく存じますが、本書と第一法話集『なごりおしく思えども娑婆の縁つきて』を姉妹編として読んでいただけたらと願っています。そこに、親鸞聖人のお姿をよりどころにして――「生きた」・「死んだ」――一人の人間の旅路が浮かび上がってくるように思います。

最後になりましたが、古田和弘先生には、不顓と大谷大学の同窓であるご縁で、身に余る「序文」をお寄せくださいました。誠にうれしく、寺族一同感謝にたえません。

今回、第二法話集『人はみな仏になる種を持っている』を、不顓十七回忌記念として仏前にお供えすることができました。これも、法藏館社長西村明高氏と、編集部満田みすずさんのご高配と励ましによるものです。お二人に、寺族一同厚く御礼申し上げます。

二〇一九年三月一日

慈照山福圓寺　寺族一同

尼子　哲也（あまこ　てつや）

1934年　大分県宇佐市・真宗大谷派福円寺に生まれる。
1962年　大谷大学大学院修士課程真宗学科修了。
大分県立高等学校教諭・倫理社会科担当。福円寺住職。
1988年　大分県立高等学校退職、法務・布教に専念。
2002年　命終（享年69歳）。
法名幻雲院釈不穎。
著作　詩集『落暉と孤獨』、第一法話集『なごりおしく思えども裟婆の縁つきて』。

人はみな
仏になる種を持っている

二〇一九年三月一日　初版第一刷発行
二〇一九年四月二〇日　初版第二刷発行

著　者　尼子哲也
発行者　西村明高
発行所　株式会社　法藏館
京都市下京区正面通烏丸東入
郵便番号　六〇〇-八一五三
電話　〇七五-三四三-〇〇三〇（編集）
〇七五-三四三-五六五六（営業）

装幀者　野田和浩
印刷・製本　亜細亜印刷株式会社

ISBN 978-4-8318-8771-9 C0015

なごりおしく思えども　娑婆の縁つきて	尼子哲也著	一、八〇〇円
聞法の用意　校訂版	蜂屋賢喜代著	一、四〇〇円
暮らしの中に仏教を見つける	織田顕祐著	一、〇〇〇円
門徒ことば　語り継がれる真宗民語	三島清円著	一、二〇〇円
真宗の学び方	櫻部　建著	八〇〇円
妙好人　千代尼	西山郷史著	一、二〇〇円

価格税別

法藏館